Aroma e India 2023

Shijoni Magjinë dhe Shijen e Kuzhinës Indiane në Shtëpinë Tuaj

Priya Patel

Tabela e përmbajtjes

Piper Mung Dal 17
    Përbërësit 17
    Metoda 17
Dal Buhara 18
    Përbërësit 18
    Metoda 19
methi Dahal 20
    Përbërësit 20
    Për erëza: 21
    Metoda 21
kofta malai 22
    Përbërësit 22
    Për Kofta: 23
    Metoda 23
Përshëndetje Palak 25
    Përbërësit 25
    Metoda 26
Dum ka Karela 27
    Përbërësit 27
    Për mbushje: 27
    Për erëza: 28
    Metoda 28
Navratna Curry 30

- Përbërësit 30
- Për përzierjen e erëzave: 31
- Metoda 31
- Kofta perimesh te perziera ne kerri domate 33
  - Përbërësit 33
  - Për karin: 33
  - Metoda 34
- Muthias në salcë të bardhë 36
  - Përbërësit 36
  - Për Muthia: 37
  - Metoda 37
- kari kafe 38
  - Përbërësit 38
  - Metoda 39
- kerri diamanti 40
  - Përbërësit 40
  - Për diamantet: 40
  - Metoda 41
- zierje me perime 42
  - Përbërësit 42
  - Metoda 43
- Kari me kërpudha dhe bizele 44
  - Përbërësit 44
  - Metoda 45
- Navratan Korma 46
  - Përbërësit 46
  - Metoda 47

Sindhi Sai Bhaji* 49
    Përbërësit 49
    Metoda 50
Panxhari Nawabi 51
    Përbërësit 51
    Metoda 52
Baghara Baingan 53
    Përbërësit 53
    Metoda 54
Kofta e karotës në avull 55
    Përbërësit 55
    Për Kofta: 55
    Për pastën: 56
    Metoda 57
dhingri shabnam 58
    Përbërësit 58
    Për mbushje: 58
    Për salcën: 58
    Metoda 59
Kërpudha Xacutti 61
    Përbërësit 61
    Metoda 62
Paneer dhe kerri misri 63
    Përbërësit 63
    Metoda 64
Basant Bahar 65
    Përbërësit 65

Për salcën: 66

Metoda 66

Palak Kofta 68

Përbërësit 68

Për Kofta: 68

Për salcën: 68

Metoda 69

lakra kofta 71

Përbërësit 71

Për Kofta: 71

Për salcën: 71

Metoda 72

Të mbledhura 73

Përbërësit 73

Metoda 74

Paneer Butter Masala 75

Përbërësit 75

Për salcën: 75

Metoda 76

Mor Kolambu 78

Përbërësit 78

Për përzierjen e erëzave: 78

Metoda 79

Aloo Gobhi aur Methi ka Tuk 80

Përbërësit 80

Metoda 81

zog 82

- Përbërësit 82
- Metoda 83
- kerri dhallë 84
  - Përbërësit 84
  - Metoda 85
- Krem me lulelakër kerri 86
  - Përbërësit 86
  - Metoda 87
- Përdorimi i bizeles 88
  - Përbërësit 88
  - Metoda 89
- Përshëndetje Posto 90
  - Përbërësit 90
  - Metoda 90
- Palak Paneer 91
  - Përbërësit 91
  - Metoda 92
- Vras Paneer 93
  - Përbërësit 93
  - Metoda 94
- Dahi Karela 95
  - Përbërësit 95
  - Metoda 96
- Kari me domate me perime 97
  - Përbërësit 97
  - Metoda 97
- Doodhi me Chana Dhal 98

- Përbërësit 98
- Metoda 99
- Domate Chi Bhaji* 100
  - Përbërësit 100
  - Metoda 101
- patate të thata 102
  - Përbërësit 102
  - Metoda 102
- Bamje të mbushura 104
  - Përbërësit 104
  - Metoda 104
- Masala Okra 106
  - Përbërësit 106
  - Metoda 106
- Simla vret 107
  - Përbërësit 107
  - Metoda 108
- Bishtaja 109
  - Përbërësit 109
  - Metoda 109
- Masala daulle 110
  - Përbërësit 110
  - Metoda 111
- Patate e thatë pikante 112
  - Përbërësit 112
  - Metoda 113
- Khatte Palak 114

Përbërësit	114
Metoda	115
Perime të përziera tre në një	116
Përbërësit	116
Metoda	116
Patate në salcë kosi	117
Përbërësit	117
Për përzierjen e erëzave:	117
Metoda	117
Kele ki Bhaji	118
Përbërësit	118
Metoda	119
koko kathal	120
Përbërësit	120
Për erëza:	120
Metoda	121
Feta pikante të ëmbëlsirës	122
Përbërësit	122
Metoda	123
yam masala	124
Përbërësit	124
Metoda	124
Panxhari Masala	126
Përbërësit	126
Metoda	127
Lakrat e fasules Masala	128
Përbërësit	128

Metoda 129
Mirch Masala 130
    Përbërësit 130
    Metoda 131
domate kadhi 132
    Përbërësit 132
    Metoda 133
kolhapuri perimesh 134
    Përbërësit 134
    Metoda 135
Undhiyu 136
    Përbërësit 136
    Për Muthia: 137
    Metoda 137
Banane Kofta Curry 138
    Përbërësit 138
    Për karin: 138
    Metoda 139
Pagur e hidhur me qepë 140
    Përbërësit 140
    Metoda 141
Sukha Khatta Chana 142
    Përbërësit 142
    Metoda 143
Bharwan Karela 144
    Përbërësit 144
    Për mbushje: 144

- Metoda 145
- Lakra Kofta Curry 146
  - Përbërësit 146
  - Për salcën: 146
  - Metoda 147
- ananasi gojju 148
  - Përbërësit 148
  - Për përzierjen e erëzave: 148
  - Metoda 149
- pagur e hidhur gojju 150
  - Përbërësit 150
  - Metoda 151
- Baingan Mirchi ka Salan 152
  - Përbërësit 152
  - Metoda 153
- Pulë me perime 154
  - Përbërësit 154
  - Metoda 154
  - Për marinadën: 155
- Pulë Tikka Masala 156
  - Përbërësit 156
  - Metoda 157
- Pulë e mbushur pikante në një salcë të pasur 158
  - Përbërësit 158
  - Metoda 159
- masala pule pikante 161
  - Përbërësit 161

- Metoda 162
- pulë lesh kashmiri 163
  - Përbërësit 163
  - Metoda 164
- Rum dhe pulë 165
  - Përbërësit 165
  - Metoda 166
- Pulë Shahjahani 167
  - Përbërësit 167
  - Metoda 168
- Pulë e Pashkëve 169
  - Përbërësit 169
  - Metoda 170
- Rosë pikante me patate 171
  - Përbërësit 171
  - Metoda 172
- moile rosë 173
  - Përbërësit 173
  - Metoda 174
- Bharwa Murgh Kaju 175
  - Përbërësit 175
  - Metoda 176
- Sallatë pule me kos 178
  - Përbërësit 178
  - Metoda 179
- Pulë Dhansak 181
  - Përbërësit 181

Metoda	182
Pulë Chatpata	184
Përbërësit	184
Për marinadën:	185
Metoda	185
Duck Masala në qumësht kokosi	186
Përbërësit	186
Për përzierjen e erëzave:	186
Metoda	187
Pulë Dil Bahar	188
Përbërësit	188
Metoda	189
Dum ka Murgh	191
Përbërësit	191
Metoda	192
Murgh Kheema Masala	193
Përbërësit	193
Metoda	194
Pulë e mbushur Nawabi	195
Përbërësit	195
Për mbushje:	195
Metoda	196
Murgh ke Nazare	197
Përbërësit	197
Për salcën:	198
Metoda	199
Murgh Pasanda	200

Përbërësit 200

Metoda 201

Murgh Masala 202

Përbërësit 202

Për përzierjen e erëzave: 202

Metoda 203

Kremi i pulës Bohri 204

Përbërësit 204

Metoda 205

Jhatpat Murgh 206

Përbërësit 206

Metoda 206

kerri jeshil pule 207

Përbërësit 207

Metoda 208

Murgh Bharta 209

Përbërësit 209

Metoda 209

Pulë me fara ajovani 210

Përbërësit 210

Metoda 211

Spinaq Pule Tikka 212

Përbërësit 212

Për marinadën: 212

Metoda 213

Pule Yakhni 214

Përbërësit 214

Metoda	215
Pulë djegës	216
Përbërësit	216
Metoda	217
pule piper	218
Përbërësit	218
Metoda	218

Piper Mung Dal

për 4 persona

Përbërësit

225 g / 8 oz mung dhal*

Shtoni kripë për shije

2 djegës të gjelbër, të grirë hollë

një majë shafran i Indisë

1,25 litra / 2½ litra ujë

1 lugë çaji lëng limoni

½ lugë piper i zi i bluar

Metoda

- Kombinoni dhalin, kripën, djegësit e gjelbër, shafranin e Indisë dhe ujin në një tenxhere. Gatuani në zjarr mesatar për 45 minuta.

- Shtoni lëng limoni dhe piper. Përziejini mirë. Shërbejeni të nxehtë.

Dal Buhara

(gram i zi i tërë kremoz)

Shërben 4-6

Përbërësit

600g / 1lb 5oz urad dhal*, ngjyhet gjatë natës

2 lugë fasule, të njomur gjatë natës

2 litra / 3½ litra ujë

Shtoni kripë për shije

3 lugë gjelle gjalpë

1 lugë çaji fara qimnoni

1 qepë e madhe, e grirë

2,5 cm rrënjë xhenxhefil, e prerë

2 thelpinj hudhre te grira holle

1 lugë çaji djegës pluhur

1 lugë gjelle koriandër të bluar

4 domate, të zbardhura dhe të grira

½ lugë gjelle garam masala

2 lugë krem të freskët

2 lugë kos

3 lugë ghee

2,5 cm / 1 inç rrënjë xhenxhefili, e zbehur

2 djegës të gjelbër të prerë për së gjati

1 lugë gjelle gjethe koriandër të copëtuara

Metoda

- Mos i kulloni dhalin dhe fasulet. Përzieni në një tenxhere me ujë dhe kripë. Gatuani për një orë në nxehtësi mesatare. Përziejini butësisht dhe rezervoni.

- Shkrini gjalpin në një tigan të vogël. Shtoni farat e qimnonit. Lërini të ziejnë për 15 sekonda.

- Shtoni qepën, xhenxhefilin, hudhrën, djegësin pluhur, korianderin dhe domatet. Ziejini në zjarr të ulët për 7-8 minuta, duke i përzier herë pas here.

- Shtoni garam masala, kremin, kosin dhe ghee. Përziejini mirë. Gatuani për 2-3 minuta.

- Shtoni këtë përzierje në dhal. Gatuani në zjarr të ulët për 10 minuta.

- Dekoroni me xhenxhefil, djegës jeshil dhe gjethe koriandër. Shërbejeni të nxehtë me oriz të zier në avull, chapattis ose naan.

methi Dahal

(Ndan gramin e kuq me fenugreek)

për 4 persona

Përbërësit

50 g / 1¾oz gjethe të freskëta fenugreku, të copëtuara

Shtoni kripë për shije

300 g / 10 oz Toor dhal*

1,5 litra / 2¾ litra ujë

1 qepë e madhe, e grirë

2 domate, të grira hollë

2 lugë pastë tamarindi

1 djegës jeshil, i prerë për së gjati

¼ lugë çaji shafran i Indisë

¾ lugë spec djegës pluhur

2 lugë arrë kokosi të freskët të grirë

1 lugë gjelle sheqer kaf*, i grirë

Për erëza:

2 lugë çaji vaj vegjetal të rafinuar

½ lugë fara sinapi

6 gjethe kerri

8 dhëmbë të shtypur

Metoda

- Fërkoni gjethet e fenugrekut me pak kripë dhe lërini mënjanë.

- Gatuani Toor dhal me ujë dhe kripë në një tenxhere për 45 minuta në zjarr mesatar.

- Shtoni gjethet e fenugreek, qepën, domatet, pastën e tamarindit, djegësin jeshil, shafranin e Indisë, pluhurin e djegës, kokosin dhe sheqerin kaf. Përziejini mirë. Shtoni pak ujë nëse është e nevojshme. Gatuani në zjarr të ulët për 5 minuta.

- Hiqeni nga zjarri. Përziejini mirë dhe rezervoni.

- Ngrohni vajin në një tigan. Shtoni farat e mustardës, gjethet e kerit dhe karafilin. Lërini të ziejnë për 15 sekonda. Hidheni këtë mbi dhal. Shërbejeni të nxehtë.

kofta malai

(peta në salcë të ëmbël)

për 4 persona

Përbërësit

2,5 cm / 1 inç kanellë

6 bishtaja kardamom jeshile

¼ lugë çaji arrëmyshk i bluar

6 dhëmbë

3 lugë çaji piper të bardhë të sapo bluar

3,5 cm xhenxhefil, i grirë

½ lugë shafran i Indisë

2 thelpinj hudhre, te grira

2½ lugë çaji sheqer

Shtoni kripë për shije

120 ml / 4 ml ujë

3 lugë ghee

360 ml / 12 ml qumësht

120 ml / 4 ml krem të lëngshëm

1 lugë gjelle djathë çedër i grirë

1 lugë gjelle gjethe koriandër të copëtuara

Për Kofta:

50 g / 1¾oz khoya*

50 g / 1¾oz paneer*

4 patate të mëdha, të ziera dhe të grira

4-5 speca djegës të gjelbër, të grirë hollë

1 cm / ½ inç rrënjë xhenxhefili, e grirë

1 lugë çaji koriandër të grirë

½ lugë fara qimnoni

Shtoni kripë për shije

20 g / ¾ oz rrush të thatë

20 g/¾ oz shqeme

Metoda

- Për kofta, gatuani të gjithë përbërësit e koftës, përveç rrushit të thatë dhe arrave të shqemit në një brumë të butë.

- Ndani këtë brumë në toptha me madhësi arre. Shtypni 2-3 rrush të thatë dhe shqeme në qendër të secilit top.

- Piqini topat në furrë të 200°C (400°F / Gas Mark 6) për 5 minuta. Lërini ato mënjanë.

- Për salcën, skuqni kanellën, kardamonin, arrëmyshkun dhe karafilin në një tigan në zjarr të ulët për 1 minutë. Prisni dhe rezervoni.

- Grini paprikën, xhenxhefilin, shafranin e Indisë, hudhrën, sheqerin dhe kripën me ujë. Le menjane.

- Ngroheni ghee në një tigan. Shtoni përzierjen e kanellës dhe kardamonit. E skuqim në zjarr mesatar për një minutë.

- Shtoni përzierjen e piperit dhe xhenxhefilit. Skuqini për 5-7 minuta, duke e përzier herë pas here.

- Shtoni qumështin dhe kremin. Gatuani në zjarr të ulët për 15 minuta, duke e përzier herë pas here.

- Hidhini koftat e nxehta në tenxhere.

- Hidhni salcën mbi kofta dhe dekorojini me djathë dhe gjethe koriandër. Shërbejeni të nxehtë.

- Përndryshe, pasi të keni hedhur salcën mbi kofti, piqini në një furrë të parangrohur në 200°C (400°F, shenja e gazit 6) për 5 minuta. Dekoroni me djathë dhe gjethe koriandër. Shërbejeni të nxehtë.

Përshëndetje Palak

(patate të ziera me spinaq)

për 6

Përbërësit

300 g / 10 oz spinaq, i copëtuar dhe i zier në avull

2 djegës të gjelbër të prerë për së gjati

4 lugë ghee

2 patate të mëdha të ziera dhe të prera në kubikë

½ lugë fara qimnoni

2,5 cm / 1 inç rrënjë xhenxhefili, e zbehur

2 qepë të mëdha, të grira

3 domate, të grira hollë

1 lugë çaji djegës pluhur

½ lugë kanellë të bluar

½ lugë karafil të bluar

¼ lugë çaji shafran i Indisë

½ lugë gjelle garam masala

½ lugë e vogël miell gruri

1 lugë çaji lëng limoni

Shtoni kripë për shije

½ lugë gjelle gjalpë

Një majë e madhe asafetida

Metoda

- Përzieni spinaqin me specat e gjelbër në blender. Le menjane.
- Ngroheni ghee në një tigan. Shtoni patatet dhe skuqini në zjarr mesatar derisa të marrin ngjyrë kafe të artë dhe të bëhen krokante. I kullojmë dhe i lëmë mënjanë.
- Shtoni farat e qimnonit në të njëjtën ghee. Lërini të ziejnë për 15 sekonda.
- Shtoni xhenxhefilin dhe qepën. I skuqim në zjarr mesatar për 2-3 minuta.
- Shtoni pjesën tjetër të përbërësve, përveç gjalpit dhe asafetidës. Gatuani përzierjen në nxehtësi mesatare për 3-4 minuta, duke e përzier herë pas here.
- Shtoni spinaqin dhe patatet. Përziejini mirë dhe ziejini në zjarr të ulët për 2-3 minuta. Lëreni përzierjen mënjanë.
- Ngrohni gjalpin në një tenxhere të vogël. Shtoni asafetida. Lëreni të ziejë për 5 sekonda.
- Menjëherë hidheni këtë përzierje mbi shiritin aloo. Përziejini butësisht. Shërbejeni të nxehtë.

HYRJA:*Mund t'i zëvendësoni patatet me bizele të freskëta ose kokrra misri.*

Dum ka Karela

(Pagur e hidhur e gatuar ngadalë)

për 4 persona

Përbërësit

12 pagura të hidhura*

Shtoni kripë për shije

500 ml / 16 ml ujë

1 lugë çaji shafran i Indisë

1 lugë pastë xhenxhefili

1 lugë çaji pastë hudhre

Gjalpë për aplikim dhe lubrifikim

Për mbushje:

1 lugë gjelle kokos të freskët të grirë

60 g / 2 oz kikirikë

1 lugë fara susami

1 lugë çaji fara qimnoni

2 qepë të mëdha

2,5 cm / 1 inç rrënjë xhenxhefili, e zbehur

2 lugë çaji sheqer kaf*, i grirë

1½ lugë e vogël koriandër të bluar

1 lugë çaji djegës pluhur

Shtoni kripë për shije

150 g / 5½ oz paneer*, i grirë

Për erëza:

3 lugë vaj vegjetal të pastruar

10 gjethe kerri

½ lugë fara qimnoni

½ lugë fara sinapi

¼ lugë çaji fara fenugreek

Metoda

- Prisni një të çarë për së gjati në kungujt me qime, duke u siguruar që fundi të mbetet i paprekur. Urojini ata. I lyejmë me kripë dhe i lëmë të pushojnë për 1 orë.
- Përzieni në një tenxhere ujin, shafranin e Indisë, pastën e xhenxhefilit, hudhrën dhe pak kripë dhe zijini në zjarr mesatar për 5-7 minuta. Shtoni pagurin e hidhur. Gatuani derisa të zbuten. Kullojini dhe lërini mënjanë.
- Për mbushjen, pjekni të gjithë përbërësit për mbushjen, përveç panelit. Përzieni përzierjen e thatë të pjekur me 60 ml ujë. Grini derisa të përftoni një pastë të imët.
- Shto një panel. Përziejini mirë me makaronat e bluara. Le menjane.
- Ngrohni vajin në një tigan. Shtoni erëzat. Lërini të ziejnë për 15 sekonda.

- Hidheni këtë mbi përzierjen e mbushjes. Përziejini mirë. Ndani mbushjen në 12 pjesë të barabarta.
- Vendosni një pjesë në çdo pagur të hidhur. I vendosim në një tepsi të lyer me yndyrë me anën e mbushur lart. Bëni disa vrima në letër alumini dhe mbyllni tiganin me të.
- E pjekim kungullin në furrë të 140°C për 30 minuta, duke e skuqur në intervale të rregullta. Shërbejeni të nxehtë.

Navratna Curry

(Kari i zgjedhur me perime)

për 4 persona

Përbërësit

100 g / 3½ oz fasule franceze

2 karota të mëdha

100 g / 3½ oz lulelakër

200 g / 7 oz bizele

360 ml / 12 ml ujë

4 lugë ghee plus për tiganisje

2 patate, të prera

150 g / 5½ oz paneer*, të copëtuara

2 domate të bëra pure

2 speca jeshilë të mëdhenj, të prerë në shirita të gjatë

150 g / 5½ oz shqeme

250 g / 9 oz rrush të thatë

2 lugë çaji sheqer

Shtoni kripë për shije

200 g / 7 oz kos, i rrahur

2 feta ananasi, të prera

disa qershi

Për përzierjen e erëzave:

6 thelpinj hudhre

2 djegës të gjelbër

4 speca djegës të kuq të tharë

2,5 cm / 1 inç rrënjë xhenxhefili

2 lugë fara koriandër

1 lugë çaji fara qimnoni

1 lugë çaji fara qimnon të zi

3 bishtaja kardamom jeshile

Metoda

- Pritini në kubikë fasulet, karotat dhe lulelakrën. I përziejmë me bizele dhe ujë. Gatuani këtë përzierje në një tenxhere mbi nxehtësinë mesatare për 7-8 minuta. Le menjane.
- Ngroheni ghee për tiganisje në një tigan. Shtoni patatet dhe paneer. I skuqim në zjarr mesatar deri në kafe të artë. I kullojmë dhe i lëmë mënjanë.
- Grini të gjithë përbërësit e përzierjes së erëzave derisa të formojnë një pastë. Le menjane.
- Ngrohni 4 lugë ghee në një tigan. Shtoni pastën e erëzave. Skuqini në nxehtësi mesatare për 1-2 minuta, duke e përzier vazhdimisht.
- Shtoni purenë e domates, specat, arrat shqeme, rrushin e thatë, sheqerin dhe kripën. Përziejini mirë.

- Shtoni perime të gatuara, paneer të skuqur dhe patatet dhe kosin. I trazojmë derisa kosi dhe pureja e domates të mbulojnë përbërësit e tjerë. Gatuani në zjarr të ulët për 10-15 minuta.
- Zbukuroni karin Navratna me feta ananasi dhe qershi. Shërbejeni të nxehtë.

Kofta perimesh te perziera ne kerri domate

për 4 persona

Përbërësit

Për Kofta:

125 g / 4½ oz misër të ngrirë

125 g / 4½ oz bizele të ngrira

60 g / 2 oz fasule franceze, të copëtuara

60 g / 2 oz karota, të copëtuara

375 g / 13 oz besane_*_

½ lugë spec djegës pluhur

një majë shafran i Indisë

1 lugë çaji amchoor_*_

1 lugë çaji koriandër të bluar

½ lugë e grirë qimnon

Shtoni kripë për shije

Vaj vegjetal i pastruar për tiganisje

Për karin:

4 domate, të prera

2 lugë çaji pure domate

1 lugë çaji xhenxhefil të bluar

½ lugë spec djegës pluhur

¼ lugë çaji sheqer

¼ lugë çaji kanellë të bluar

2 dhëmbë

Shtoni kripë për shije

1 lugë gjelle paneer*, i grirë

25 g / pak 1 oz gjethe koriandër, të copëtuara

Metoda

- Për koftën, përzieni në një tenxhere misrin, bizelet, fasulet dhe karotat. Lëreni përzierjen të ziejë.
- Masën e gatuar paraprakisht me pjesën tjetër të përbërësve të koftës, përveç vajit, e përzieni në një brumë të butë. Ndani brumin në topa me madhësi limoni.
- Ngrohni vajin në një tigan. Shtoni toptha kofta. I skuqim në zjarr mesatar deri në kafe të artë. Kullojmë koftat dhe i lëmë mënjanë.
- Për karin, përzieni në një tenxhere të gjithë përbërësit e kerit, përveç gjetheve të koriandrit.
- Gatuani këtë përzierje për 15 minuta në nxehtësi mesatare, duke e përzier shpesh.
- Koftat i shtoni me kujdes karit 15 minuta para se t'i shërbeni.
- Zbukuroni me gjethe dhe koriandër. Shërbejeni të nxehtë.

Muthias në salcë të bardhë

(Qofte paneer dhe fenugreek në salcë të bardhë)

për 4 persona

Përbërësit

1 lugë gjelle arra shqeme

1 lugë gjelle kikirikë të pjekur lehtë

1 fetë bukë të bardhë

1 qepë mesatare, e grirë

2,5 cm / 1 inç rrënjë xhenxhefili

3 djegës të gjelbër

1 lugë çaji fara lulekuqe të zhytura në 2 lugë qumësht për 1 orë

2 lugë ghee

240 ml / 6 ml qumësht

1 lugë çaji sheqer pluhur

një majë kanellë të bluar

një majë karafil të bluar

120 ml / 4 ml krem të lëngshëm

Shtoni kripë për shije

200 g / 7 oz kos

Për Muthia:

Paneer 300g / 10oz*, i shembur

1 lugë gjelle gjethe fenugree të grira

1 lugë gjelle miell i bardhë i thjeshtë

Shtoni kripë për shije

Pluhur djegës për shije

ghee për tiganisje

Metoda

- Përziejini të gjithë përbërësit e muthias, përveç ghee, në një brumë të butë. Ndani brumin në topa me madhësi arre.
- Ngroheni ghee në një tigan. Shtoni topat dhe skuqini në zjarr mesatar deri në kafe të artë. Le menjane.
- Grini arrat shqeme, kikirikët e pjekur dhe bukën me shumë ujë në një pastë. Lëreni përzierjen mënjanë.
- Grini qepën, xhenxhefilin, djegësin dhe farat e lulekuqes me shumë ujë në një pastë. Lëreni përzierjen mënjanë.
- Ngroheni ghee në një tigan. Shtoni përzierjen e qepës me xhenxhefil. Skuqini deri në kafe.
- Shtoni të gjithë përbërësit e mbetur dhe pastën e kikirikut. Përziejini mirë. Gatuani në zjarr të ulët për 15 minuta, duke e përzier shpesh.
- Më shumë muthias. Përziejini butësisht. Shërbejeni të nxehtë.

kari kafe

për 4 persona

Përbërësit

2 bishtaja kardamom jeshile

2 dhëmbë

2 kokrra piper te zi

1 cm kanellë

1 gjethe dafine

2 speca djegës të kuq të tharë

1 lugë çaji miell gruri integral

2 lugë vaj vegjetal të rafinuar

1 qepë e madhe, e prerë në feta

1 lugë çaji fara qimnoni

një majë asafetida

1 piper i madh jeshil, i grirë

2,5 cm / 1 inç rrënjë xhenxhefili, e zbehur

4 thelpinj hudhre, te grira

½ lugë spec djegës pluhur

¼ lugë çaji shafran i Indisë

1 lugë çaji koriandër të bluar

2 domate të mëdha, të grira hollë

1 lugë gjelle pastë tamarindi

Shtoni kripë për shije

1 lugë gjelle gjethe koriandër të copëtuara

Metoda

- Grini kardamonin, karafilin, kokrrat e piperit, kanellën, gjethen e dafinës dhe djegësin e kuq në një pluhur të imët. Le menjane.
- Thajeni miellin deri në ngjyrë rozë, duke e përzier vazhdimisht. Le menjane.
- Ngrohni vajin në një tigan. Shtoni qepën. Skuqini në nxehtësi mesatare deri në kafe të artë. Kullojeni dhe përzieni derisa të përftoni një pastë të imët. Le menjane.
- Ngrohni të njëjtin vaj dhe shtoni farat e qimnonit. Lërini të ziejnë për 15 sekonda.
- Shtoni asafetida, piper jeshil, xhenxhefil dhe hudhër. Piqni për një minutë.
- Shtoni pjesën tjetër të përbërësve përveç gjetheve të koriandrit. Përziejini mirë.
- Shtoni përzierjen e kardamonit dhe karafilit të bluar, miellin e pjekur të thatë dhe pastën e qepëve. Përziejini mirë.
- Gatuani në zjarr të ulët për 10-15 minuta.
- Dekoroni me gjethe koriandër. Shërbejeni të nxehtë.

HYRJA:*Ky kerri shkon shumë me perime si patatet e qëruara, bizelet dhe copat e patëllxhanit të skuqur.*

kerri diamanti

për 4 persona

Përbërësit

2-3 lugë vaj vegjetal të rafinuar

2 qepë të mëdha, të grira në një pastë

1 lugë pastë xhenxhefili

1 lugë çaji pastë hudhre

2 domate të mëdha, të bëra pure

1-2 djegës të gjelbër

½ lugë shafran i Indisë

1 lugë qimnon i bluar

½ lugë gjelle garam masala

½ lugë çaji sheqer

Shtoni kripë për shije

250 ml / 8 ml oz ujë

Për diamantet:

250 g / 9 oz besane*

200 ml / 7 ml ujë

1 lugë gjelle vaj vegjetal të pastruar

1 majë asafetida

½ lugë fara qimnoni

25 g / pak 1 oz gjethe koriandër, të copëtuara

2 djegës të gjelbër, të grirë hollë

Shtoni kripë për shije

Metoda

- Për salcën, ngrohni vajin në një tenxhere. Shtoni pastën e qepëve. E skuqim pastën në zjarr mesatar derisa të bëhet e tejdukshme.
- Shtoni pastën e xhenxhefilit dhe pastën e hudhrës. Piqni për një kohë.
- Shtoni përbërësit e tjerë përveç përbërësve të diamantit. Përziejini mirë. Mbulojeni me kapak dhe gatuajeni përzierjen për 5-7 minuta. Lëreni salcën mënjanë.
- Për të bërë diamantet, përzieni butësisht besanin me ujë për të formuar një pastë të trashë. Shmangni gunga. Le menjane.
- Ngrohni vajin në një tigan. Shtoni asafetida dhe farat e qimnonit. Lërini të ziejnë për 15 sekonda.
- Shtoni brumin e besanit dhe të gjithë përbërësit e tjerë të diamantit. E trazojmë vazhdimisht në zjarr mesatar derisa masa të largohet nga anët e tiganit.
- Lyeni me yndyrë një tepsi pjekjeje 15 x 35 cm / 6 x 14 inç që nuk ngjit. Derdhni brumin dhe lëreni me një shpatull. Lëreni të qëndrojë për 20 minuta. Pritini në formë diamanti.
- Shtoni diamantet në salcë. Shërbejeni të nxehtë.

zierje me perime

për 4 persona

Përbërësit

1 lugë gjelle miell i bardhë i thjeshtë

3 lugë vaj vegjetal të pastruar

4 dhëmbë

2,5 cm / 1 inç kanellë

2 bishtaja kardamom jeshile

1 qepë e vogël, e prerë në kubikë

1 cm / ½ inç xhenxhefil, i grirë

2-5 djegës të gjelbër të prerë për së gjati

10 gjethe kerri

150 g / 5½ oz perime të ngrira

600 ml / 1 litër qumësht kokosi

Shtoni kripë për shije

1 lugë gjelle uthull

1 lugë çaji piper i zi i bluar

1 lugë fara sinapi

1 qepe e grirë

Metoda

- Përzieni miellin me ujë të mjaftueshëm për të formuar një pastë të trashë. Le menjane.
- Ngrohni 2 lugë vaj në një tigan. Shtoni karafil, kanellë dhe kardamom. I lëmë të ziejnë për 30 sekonda.
- Shtoni qepën, xhenxhefilin, djegësin dhe gjethet e kerit. Ziejeni përzierjen në zjarr mesatar për 2-3 minuta.
- Shtoni perimet, qumështin e kokosit dhe kripën. Përziejini për 2-3 minuta.
- Shtoni pastën e miellit. Gatuani për 5-7 minuta, duke e përzier vazhdimisht.
- Shtoni uthull. Përziejini mirë. Gatuani në zjarr të ulët për një minutë tjetër. Lëreni zierjen mënjanë.
- Ngrohni vajin e mbetur në një tigan. Shtoni piper, farat e sinapit dhe qepujt. Piqeni për 1 minutë.
- Hidhni këtë përzierje mbi salcë. Shërbejeni të nxehtë.

Kari me kërpudha dhe bizele

për 4 persona

Përbërësit

2 djegës të gjelbër

1 lugë gjelle fara lulekuqe

2 bishtaja kardamom jeshile

1 lugë gjelle arra shqeme

1 cm / ½ inç rrënjë xhenxhefili

½ lugë ghee

1 qepë e madhe, e grirë

4 thelpinj hudhre te grira holle

400 g / 14 oz kërpudha, të prera në feta

200 g / 7 oz bizele të konservuara

Shtoni kripë për shije

1 lugë kos

1 lugë krem

10 g / ¼ oz gjethe koriandër, të copëtuara

Metoda

- Grini specat e gjelbër, farat e lulekuqes, kardamonin, arrat shqeme dhe xhenxhefilin në një pastë të trashë. Le menjane.
- Ngroheni ghee në një tigan. Shtoni qepën. Skuqini në nxehtësi mesatare derisa të jetë transparente.
- Shtoni hudhrën dhe përzierjen e djegësve të gjelbër të bluar dhe farave të lulëkuqes. Piqeni për 5-7 minuta.
- Shtoni kërpudhat dhe bizelet. Piqeni për 3-4 minuta.
- Shtoni kripën, kosin dhe kremin. Përziejini mirë. Ziejini në zjarr të ulët për 5-7 minuta, duke i përzier herë pas here.
- Dekoroni me gjethe koriandër. Shërbejeni të nxehtë.

Navratan Korma

(perime të përziera pikante)

për 4 persona

Përbërësit

1 lugë çaji fara qimnoni

2 lugë fara lulekuqe

3 bishtaja kardamom jeshile

1 qepë e madhe, e grirë

25 g / pak 1 oz kokos, e grirë

3 djegës të gjelbër të prerë për së gjati

3 lugë ghee

15 arra shqeme

3 lugë gjelle gjalpë

400 g / 14 oz bizele të konservuara

2 karota të ziera dhe të grira

1 mollë e vogël, e prerë

2 feta ananasi, të grira imët

125 g / 4½ oz kos

60 ml / 2 ml krem të lëngshëm

Ketchup domate 120 ml / 4 ml oz

20 rrush të thatë

Shtoni kripë për shije

1 lugë gjelle djathë çedër i grirë

1 lugë gjelle gjethe koriandër të copëtuara

2 qershi me glazurë

Metoda

- Grini farat e qimnonit dhe farat e lulekuqes në një pluhur të imët. Le menjane.
- Grini kardamonin, qepën, kokosin dhe djegësin jeshil derisa të përftoni një pastë të trashë. Le menjane.
- Ngrohni ghinë. Shtoni shqemet. I skuqim në zjarr mesatar deri në kafe të artë. I kullojmë dhe i lëmë mënjanë. Mos e hidhni vajin.
- Shtoni gjalpin në ghee dhe ngrohni masën për pak, duke e trazuar mirë.
- Shtoni përzierjen e kardamom-qepës. Skuqini në nxehtësi mesatare për 2 minuta.
- Shtoni bizelet, karotat, mollën dhe ananasin. Ziejeni përzierjen për 5-6 minuta.
- Shtoni përzierjen e qimnonit dhe farave të lulekuqes. Gatuani edhe një minutë në zjarr të ulët.
- Shtoni kosin, kremin, ketchupin, rrushin e thatë dhe kripën. Përziejeni përzierjen në zjarr të ulët për 7-8 minuta.
- E zbukurojmë kormën me djathë, gjethe koriandër, qershi dhe shqeme të skuqura. Shërbejeni të nxehtë.

Sindhi Sai Bhaji*

(Perime me erëza sindi)

për 4 persona

Përbërësit

3 lugë vaj vegjetal të pastruar

1 qepë e madhe, e grirë

3 djegës të gjelbër të prerë për së gjati

6 thelpinj hudhre te grira holle

1 karotë, e grirë hollë

1 piper i madh jeshil, i grire holle

1 lakër e vogël, e grirë hollë

1 patate e madhe, e prerë

1 patëllxhan i grirë hollë

100 g / 3½ oz bamje, e bluar

100 g / 3½ oz fasule franceze, të copëtuara

150 g / 5½ oz gjethe spinaqi, të copëtuara

100 g / 3½ oz gjethe koriandër, të copëtuara

300g/10oz masoor dhal*ziejini për 30 minuta dhe kullojini

150 g / 5½ oz mung dhal*ziejini për 30 minuta dhe kullojini

750 ml / 1¼ litër ujë

1 lugë çaji djegës pluhur

1 lugë çaji koriandër të bluar

½ lugë shafran i Indisë

1 lugë çaji kripë

1 domate

½ lugë ghee

një majë asafetida

Metoda

- Ngrohni vajin në një tigan të madh. Shtoni qepën. Skuqini në nxehtësi mesatare derisa të jetë transparente.
- Shtoni specin djegës të gjelbër dhe hudhrën. Piqni për një minutë tjetër.
- Shtoni të gjithë përbërësit e tjerë përveç domateve, ghee dhe asafetida. Përziejini mirë. Mbulojeni me kapak dhe ziejini për 10 minuta duke e përzier herë pas here.
- Mbi masën e perimeve vendosim të gjithë domaten, mbulojmë sërish dhe vazhdojmë ta gatuajmë masën për 30 minuta.
- Hiqeni nga zjarri dhe përzieni përmbajtjen në copa të mëdha. Lëreni bhaxhin mënjanë.
- Ngroheni ghee në një tigan. Shtoni asafetida. Lëreni të ziejë për 10 sekonda. Hidhni direkt mbi bhaji. Përziejini mirë masën. Shërbejeni të nxehtë.

Panxhari Nawabi

(panxhar i pasur)

për 4 persona

Përbërësit

500 g / 1 lb 2 oz panxhar mesatar, të qëruar

125 g / 4½ oz kos

120 ml / 4 ml krem të lëngshëm

Shtoni kripë për shije

2,5 cm / 1 inç rrënjë xhenxhefili, e zbehur

100 g / 3½ oz bizele të freskëta

1 lugë gjelle lëng limoni

1 lugë gjelle vaj vegjetal të pastruar

2 lugë gjalpë

1 qepë e madhe, e grirë

6 thelpinj hudhre, te grira

1 lugë çaji djegës pluhur

një majë shafran i Indisë

1 lugë gjelle garam masala

250 g / 9 oz djathë çedër i grirë

50 g / 1¾oz gjethe koriandër, të copëtuara

Metoda

- Zbrazni panxharin. Mos i hidhni dozat e mbledhura. Le menjane.
- Përzieni 2 lugë kos, 2 lugë krem dhe kripë.
- Në këtë përzierje hidhni panxharin e zgavruar në mënyrë që të mbulohen mirë.
- Ziejini këto panxharë në avull në nxehtësi mesatare për 5-7 minuta. Le menjane.
- Përzieni pjesët e panxharit të nxjerrë me xhenxhefil, bizele, lëng limoni dhe kripë.
- Ngrohni vajin në një tigan. Shtoni përzierjen e panxharit dhe xhenxhefilit. Skuqini në nxehtësi mesatare për 4-5 minuta.
- Mbushni panxharët e zier në avull me këtë përzierje. Le menjane.
- Ngrohni gjalpin në një tenxhere. Shtoni qepën dhe hudhrën. I skuqim në zjarr mesatar derisa qepa të bëhet transparente.
- Shtoni kremin e mbetur, pluhur djegës, shafran i Indisë dhe garam masala. Përziejini mirë. Gatuani për 4-5 minuta.
- Shtoni panxharin e mbushur, kosin e mbetur dhe djathin. Ziejini për 2-3 minuta dhe shtoni gjethet e koriandrit. Shërbejeni të nxehtë.

Baghara Baingan

(Patëllxhan pikant dhe pikant)

për 4 persona

Përbërësit

1 lugë fara koriandër

1 lugë gjelle fara lulekuqe

1 lugë fara susami

½ lugë fara qimnoni

3 speca djegës të kuq të tharë

100 g / 3½ oz arrë kokosi të freskët të grirë

3 qepë të mëdha, të grira

2,5 cm / 1 inç rrënjë xhenxhefili

5 lugë vaj vegjetal të pastruar

500 g / 1 lb 2 oz patëllxhanë, të copëtuara

8 gjethe kerri

½ lugë shafran i Indisë

½ lugë spec djegës pluhur

3 djegës të gjelbër të prerë për së gjati

8 gjethe kerri

1½ lugë pastë tamarindi

250 ml / 8 ml oz ujë

Shtoni kripë për shije

Metoda

- Koriandër, lulëkuqe, susam, qimnon dhe fara djegëse të kuqe thahen për 1-2 minuta. Le menjane.
- Grini kokosin, 1 qepë dhe xhenxhefilin në një pastë të trashë. Le menjane.
- Ngrohni gjysmën e vajit në një tigan. Shtoni patëllxhanët. I skuqim në zjarr mesatar për 5 minuta duke i kthyer herë pas here. I kullojmë dhe i lëmë mënjanë.
- Ngrohni vajin e mbetur në një tigan. Shtoni gjethet e kerit dhe pjesën tjetër të qepëve. I skuqim në zjarr mesatar derisa qepët të marrin ngjyrë kafe të artë.
- Shtoni pastën e kokosit. Piqni për një minutë.
- Shtoni pjesën tjetër të përbërësve. Përziejini mirë. Gatuani në zjarr të ulët për 3-4 minuta.
- Shtoni një përzierje të farave të thara të korianderit të pjekur dhe farave të lulekuqes. Përziejini mirë. Vazhdoni gatimin për 2-3 minuta.
- Shtoni patëllxhanët e skuqur. Përziejini mirë masën. Gatuani për 3-4 minuta. Shërbejeni të nxehtë.

Kofta e karotës në avull

për 4 persona

Përbërësit

2 lugë vaj vegjetal të rafinuar

2 qepë të mëdha, të grira

6 domate të grira hollë

1 lugë kos

1 lugë gjelle garam masala

Për Kofta:

2 karota të mëdha, të grira

125 g / 4½ oz besane*

125 g / 4½ oz miell gruri të plotë

150 g / 5½ oz grurë të plasaritur

1 lugë gjelle garam masala

½ lugë shafran i Indisë

1 lugë çaji djegës pluhur

¼ lugë çaji acid citrik

½ lugë çaji sodë buke

2 lugë çaji vaj vegjetal të rafinuar

Shtoni kripë për shije

Për pastën:

3 lugë fara koriandër

1 lugë çaji fara qimnoni

4 kokrra piper te zi

3 dhëmbë

5 cm / 2 inç kanellë

2 bishtaja kardamom jeshile

3 lugë çaji kokos të freskët të grirë

6 djegës të kuq

Shtoni kripë për shije

2 lugë gjelle ujë

Metoda

- Përziejini të gjithë përbërësit e koftës me ujë të mjaftueshëm derisa të fitoni një brumë të butë. Ndani brumin në topa me madhësi arre.
- Ziejini topat në avull në zjarr mesatar për 7-8 minuta. Le menjane.
- Përziejini të gjithë përbërësit e makaronave përveç ujit. Skuqeni përzierjen në nxehtësi mesatare për 2-3 minuta.
- Shtoni ujë në përzierje dhe bluajeni në një masë të butë. Le menjane.
- Ngrohni vajin në një tigan. Shtoni qepën e grirë. Skuqini në zjarr mesatar derisa të bëhen transparente.
- Shtoni domatet, kosin, garam masala dhe makaronat e bluara. Skuqeni përzierjen për 2-3 minuta.
- Shtoni topat e zier me avull. Përziejini mirë. Ziejeni përzierjen në nxehtësi të ulët për 3-4 minuta, duke e përzier në intervale të rregullta. Shërbejeni të nxehtë.

dhingri shabnam

(Qofte paneer të mbushura me këpudha)

për 4 persona

Përbërësit

Paneli 450 g / 1 lb*

125 gr miell i bardhë i thjeshtë

60 ml / 2 ml oz ujë

Vaj vegjetal i pastruar dhe shtesë për tiganisje

¼ lugë çaji garam masala

Për mbushje:

100 g / 3½ oz këpudha

1 lugë çaji gjalpë pa kripë

8 arra shqeme të copëtuara

16 rrush të thatë

2 lugë gjelle khoya*

1 lugë gjelle paneer*

1 lugë gjelle gjethe koriandër të copëtuara

1 djegës i gjelbër, i bluar

Për salcën:

2 lugë vaj vegjetal të rafinuar

¼ lugë çaji fara fenugreek

1 qepë, e grirë hollë

1 lugë çaji pastë hudhre

1 lugë pastë xhenxhefili

¼ lugë çaji shafran i Indisë

7-8 arra shqeme, të bluara

50 g / 1¾ oz kos

1 qepë e madhe, e grirë në një pastë

750 ml / 1¼ litër ujë

Shtoni kripë për shije

Metoda

- Ziejeni paneerin dhe miellin me 60 ml ujë në një brumë të butë. Ndani brumin në 8 topa. Rrafshojini në pjata. Le menjane.
- Për mbushjen, presim kërpudhat në feta.
- Ngroheni gjalpin në një tigan. Shtoni kërpudha të prera në feta. I skuqim në zjarr mesatar për një minutë.
- Hiqeni nga zjarri dhe përzieni pjesën tjetër të përbërësve të mbushjes.
- Ndani këtë përzierje në 8 pjesë të barabarta.
- Vendosni një pjesë të mbushjes në çdo fletë miell paneer. Mbyllni në qese dhe rrafshoni në topa në kofta.
- Ngrohni vajin për tiganisje në një tigan. Shtoni koftat. I skuqim në zjarr mesatar deri në kafe të artë. I kullojmë dhe i lëmë mënjanë.

- Për salcën ngrohni 2 lugë vaj në një tenxhere. Shtoni farat e fenugreek. Lërini të ziejnë për 15 sekonda.
- Shtoni qepën. Skuqini në nxehtësi mesatare derisa të jenë të tejdukshme.
- Shtoni pjesën tjetër të përbërësve të salcës. Përziejini mirë. Gatuani në zjarr të ulët për 8-10 minuta.
- Hiqeni nga zjarri dhe Kullojeni salcën përmes një kullese supe në një tenxhere të veçantë.
- Salcës së kulluar i shtojmë me kujdes koftat.
- Ziejeni këtë përzierje për 5 minuta, duke e trazuar lehtë.
- Spërkateni garam masala mbi dhingri shabnamin. Shërbejeni të nxehtë.

Kërpudha Xacutti

(Goan Spicy Mushrooms Curry)

për 4 persona

Përbërësit

4 lugë vaj vegjetal të pastruar

3 djegës të kuq

2 qepë të mëdha, të grira

1 kokos të grirë

2 lugë fara koriandër

4 kokrra piper te zi

½ lugë shafran i Indisë

1 lugë çaji fara lulekuqe

2,5 cm / 1 inç kanellë

2 dhëmbë

2 bishtaja kardamom jeshile

½ lugë fara qimnoni

½ lugë fara kopër

5 thelpinj hudhre, te grira

Shtoni kripë për shije

2 domate, të grira hollë

1 lugë pastë tamarindi

500 g / 1 lb 2oz kërpudha, të copëtuara

1 lugë gjelle gjethe koriandër të copëtuara

Metoda

- Ngrohni 3 lugë vaj në një tigan. Shtoni specat djegës të kuq. Skuqini në nxehtësi mesatare për 20 sekonda.
- Shtoni qepët dhe kokosin. Skuqini përzierjen deri në kafe të artë. Le menjane.
- Ngrohni tenxheren. Shtoni farat e koriandrit, kokrrat e piperit, shafranin e Indisë, farat e lulëkuqes, kanellën, karafilin, kardamonin, farat e qimnonit dhe farat e koprës. Skuqni përzierjen në tharje për 1-2 minuta, duke e përzier gjatë gjithë kohës.
- Shtoni hudhrën dhe kripën. Përziejini mirë. Skuqini thatë për një minutë tjetër. Hiqeni nga zjarri dhe bluajeni në një përzierje të lëmuar.
- Ngrohni vajin e mbetur. Shtoni domatet dhe pastën e tamarindës. E skuqim këtë përzierje në nxehtësi mesatare për një minutë.
- Shtoni kërpudhat. Piqeni për 2-3 minuta.
- Shtoni përzierjen e farës së koriandrit-specit dhe përzierjen e qepës-kokosit. Përziejini mirë. Ziejini në zjarr të ulët për 3-4 minuta.
- E zbukurojmë xacuttin e kërpudhave me gjethe koriandër. Shërbejeni të nxehtë.

Paneer dhe kerri misri

për 4 persona

Përbërësit

3 dhëmbë

2,5 cm / 1 inç kanellë

3 kokrra piper te zi

1 lugë gjelle shqeme të grimcuara

1 lugë gjelle fara lulekuqe

3 lugë qumësht të ngrohtë

2 lugë vaj vegjetal të rafinuar

1 qepë e madhe, e grirë

2 gjethe dafine

½ lugë pastë xhenxhefili

½ lugë pastë hudhre

1 lugë çaji djegës i kuq pluhur

4 domate të bëra pure

125 g / 4½ oz kos, i rrahur

2 lugë krem

1 lugë çaji sheqer

½ lugë gjelle garam masala

Paneer 250g / 9oz*, E copëtuar

200 g/7 oz kokrra misri të ëmbël, të ziera

Shtoni kripë për shije

2 lugë gjelle gjethe koriandër

Metoda

- Grini karafilin, kanellën dhe piperin në një pluhur të imët. Le menjane.
- Thithni arrat shqeme dhe farat e lulekuqes në qumësht të ngrohtë për 30 minuta. Le menjane.
- Ngrohni vajin në një tigan. Shtoni qepën dhe gjethet e dafinës. I skuqim në zjarr mesatar për një minutë.
- Shtoni karafil të bluar, kanellë dhe piper pluhur dhe përzierjen e shqemeve dhe farave të lulekuqes.
- Shtoni pastën e xhenxhefilit, pastën e hudhrës dhe pluhurin e kuq djegës. Përziejini mirë. Piqni për një kohë.
- Shtoni domatet. Ziejeni përzierjen në zjarr të ulët për 2-3 minuta.
- Shtoni kosin, kremin, sheqerin, garam masala, paneer, kokrrat e misrit të ëmbël dhe kripën. Përziejini mirë masën. Ziejini në zjarr të ulët për 7-8 minuta, duke e përzier në intervale të rregullta.
- Zbukuroni karin me gjethe koriandër. Shërbejeni të nxehtë.

Basant Bahar

(Domate të gjelbra pikante në salcë)

për 4 persona

Përbërësit

500 g / 1 lb 2oz domate jeshile

1 lugë çaji vaj vegjetal të rafinuar

një majë asafetida

3 qepë të vogla, të grira

10 thelpinj hudhre, te grira

250 g / 9 oz besane*

1 lugë fara kopër

1 lugë çaji koriandër të bluar

¼ lugë çaji shafran i Indisë

¼ lugë çaji garam masala

½ lugë spec djegës pluhur

1 lugë çaji lëng limoni

Shtoni kripë për shije

Për salcën:

3 qepë të pjekura

2 domate te pjekura

1 cm / ½ inç rrënjë xhenxhefili

2 djegës të gjelbër

1 lugë çaji jogurt

1 lugë çaji krem

një majë asafetida

1 lugë çaji fara qimnoni

2 gjethe dafine

Shtoni kripë për shije

2 lugë çaji vaj vegjetal të rafinuar

150 g djathë dhie të butë, të grimcuar

1 lugë gjelle gjethe koriandër të copëtuara

Metoda

- Bëni një kryq në pjesën e sipërme të domates me një thikë dhe prejeni duke e lënë pjesën e poshtme të paprekur. Përsëriteni këtë për të gjitha domatet. Le menjane.
- Ngrohni vajin në një tigan. Shtoni asafetida. Lëreni të ziejë për 10 sekonda.
- Shtoni qepët dhe hudhrat. I skuqim në zjarr mesatar derisa qepët të bëhen të tejdukshme.
- Shtoni besan, farat e koprës, koriandër të bluar, shafran i Indisë, garam masala dhe pluhur djegës. Vazhdoni skuqjen për 1-2 minuta.

- Shtoni lëngun e limonit dhe kripën. Përziejini mirë. E heqim nga zjarri dhe me këtë përzierje mbushim domatet e prera. Lërini mënjanë domatet e mbushura.
- Përziejini të gjithë përbërësit e dressing-ut, përveç vajit, djathit të dhisë dhe gjetheve të koriandrit derisa të përftoni një pastë të butë. Le menjane.
- Ngrohni 1 lugë çaji vaj. Shtoni djathin e dhisë. Skuqini në nxehtësi mesatare deri në kafe të artë. Le menjane.
- Ngrohni pjesën tjetër të vajit në një tigan tjetër. Shtoni makaronat me salcë të bluar. Gatuani përzierjen në nxehtësi mesatare për 4-5 minuta, duke e përzier herë pas here.
- Shtoni domatet e mbushura. Përziejini mirë. E mbulojmë tenxheren me kapak dhe e gatuajmë masën në zjarr mesatar për 4-5 minuta.
- Sipër basant bahari spërkatni gjethe koriandër dhe djathë dhie të skuqur. Shërbejeni të nxehtë.

Palak Kofta

(Qofte me spinaq në salcë)

për 4 persona

Përbërësit

Për Kofta:

300 g / 10 oz spinaq i grirë imët

1 cm / ½ inç rrënjë xhenxhefili

1 djegës jeshil

1 thelpi hudhër

Shtoni kripë për shije

½ lugë gjelle garam masala

30 gr djathë dhie të kulluar

2 lugë besan*, të skuqura

4 lugë vaj vegjetal të pastruar plus për tiganisje

Për salcën:

½ lugë fara qimnoni

2,5 cm / 1 inç rrënjë xhenxhefili

2 thelpinj hudhre

¼ lugë çaji fara koriandër

2 qepë të vogla, të grira

një majë pluhur djegës

¼ lugë çaji shafran i Indisë

½ domate, e bërë pure

Shtoni kripë për shije

120 ml / 4 ml ujë

2 lugë krem

1 lugë gjelle gjethe koriandër të copëtuara

Metoda

- Përgatisni kofta duke përzier në një tenxhere spinaqin, xhenxhefilin, djegësin jeshil, hudhrën dhe kripën. Gatuani këtë përzierje në nxehtësi mesatare për 15 minuta. Kullojeni dhe përzieni derisa të përftoni një pastë të lëmuar.
- Ziejeni këtë pastë me të gjithë përbërësit e tjerë të koftes përveç vajit derisa të keni një brumë të fortë. Ndani këtë brumë në toptha me madhësi arre.
- Ngrohni vajin për skuqje në një tigan. Shtoni topat. I skuqim në zjarr mesatar deri në kafe të artë. I kullojmë dhe i lëmë mënjanë.
- Përgatitni salcën duke bluar farat e qimnonit, xhenxhefilin, hudhrën dhe farat e korianderit. Le menjane.
- Ngrohni 4 lugë vaj në një tigan. Shtoni qepët e grira. Skuqini në zjarr të ulët deri në kafe të artë. Shtoni

xhenxhefilin dhe pastën e qimnonit. Piqni për një minutë tjetër.

- Shtoni pluhur djegës, shafran i Indisë dhe purenë e domates. Përziejini mirë. Vazhdoni skuqjen për 2-3 minuta.
- Shtoni kripë dhe ujë. Përziejini mirë. Mbulojeni me kapak dhe ziejini për 5-6 minuta duke e përzier herë pas here.
- Hapni dhe shtoni kofta. Gatuani në zjarr të ulët për 5 minuta të tjera.
- Dekoroni me krem dhe gjethe koriandër. Shërbejeni të nxehtë.

lakra kofta

(Pupla me lakër në salcë)

për 4 persona

Përbërësit

Për Kofta:

100 g / 3½ oz lakër të grirë

4 patate të mëdha të ziera

1 lugë çaji fara qimnoni

1 lugë pastë xhenxhefili

2 djegës të gjelbër, të grirë hollë

1 lugë çaji lëng limoni

Shtoni kripë për shije

Vaj vegjetal i pastruar për tiganisje

Për salcën:

1 lugë gjelle gjalpë

3 qepë të vogla, të grira

4 thelpinj hudhre

4-6 domate të grira hollë

¼ lugë çaji shafran i Indisë

1 lugë çaji djegës pluhur

1 lugë çaji sheqer

250 ml / 8 ml oz ujë

Shtoni kripë për shije

1 lugë gjelle gjethe koriandër të copëtuara

Metoda

- Përziejini të gjithë përbërësit e koftes përveç vajit në një brumë të butë. Ndani brumin në topa me madhësi arre.
- Ngrohni vajin në një tigan. Skuqini topat në nxehtësi mesatare deri në kafe të artë. Kullojini dhe lërini mënjanë.
- Për të bërë salcën, ngrohni gjalpin në një tenxhere. Shtoni qepët dhe hudhrat. I skuqim në zjarr mesatar deri në kafe të artë.
- Shtoni domatet, shafranin e Indisë dhe pluhurin djegës. Skuqeni përzierjen për 4-5 minuta.
- Shtoni sheqerin, ujin dhe kripën. Përziejini mirë. Mbulojeni me kapak dhe ziejini në zjarr të ulët për 6-7 minuta.
- Shtoni topat e koftes së skuqur. Gatuani në zjarr të ulët për 5-6 minuta.
- Koften e lakrës e zbukurojmë me gjethe koriandër. Shërbejeni të nxehtë.

Të mbledhura

(Kari me banane jeshile)

për 4 persona

Përbërësit

2 lugë arrë kokosi të freskët të grirë

½ lugë fara qimnoni

2 djegës të gjelbër

1 lugë gjelle oriz me kokërr të gjatë ngjyhet për 15 minuta

500 ml / 16 ml ujë

200 g / 7 oz banane jeshile, e qëruar dhe e prerë në kubikë

Shtoni kripë për shije

2 lugë çaji vaj kokosi

½ lugë fara sinapi

½ lugë çaji urad Dal*

një majë asafetida

8-10 gjethe kerri

Metoda

- Grini kokosin, farat e qimnonit, djegësin e gjelbër dhe orizin me 4 lugë ujë në një pastë të lëmuar. Le menjane.
- Përzieni bananen me ujin dhe kripën e mbetur. Gatuani këtë përzierje në një tenxhere mbi nxehtësinë mesatare për 10-12 minuta.
- Shtoni kokosin dhe pastën e qimnonit. Gatuani për 2-3 minuta. Le menjane.
- Ngrohni vajin në një tigan. Shtoni farat e sinapit, urad dhal, asafetida dhe gjethet e kerit. I lëmë të ziejnë për 30 sekonda.
- Hidheni këtë përzierje në kerri me banane. Përziejini mirë. Shërbejeni të nxehtë.

HYRJA:*Ju gjithashtu mund të zëvendësoni kungullin e gjelbër me kungull hiri i bardhë ose pagur gjarpëri.*

Paneer Butter Masala

për 4 persona

Përbërësit

Vaj vegjetal i pastruar për tiganisje

Paneli 500 g / 1 lb 2oz*, E copëtuar

1 karotë e madhe, e prerë

100 g / 3½ oz fasule franceze, të copëtuara

200 g / 7 oz bizele të ngrira

3 djegës të gjelbër të bluar

Shtoni kripë për shije

1 lugë gjelle gjethe koriandër të copëtuara

Për salcën:

2,5 cm / 1 inç rrënjë xhenxhefili

4 thelpinj hudhre

4 djegës të gjelbër

1 lugë çaji fara qimnoni

3 lugë gjelle gjalpë

2 qepë të vogla, të grira

4 domate të bëra pure

1 lugë miell misri

300 g / 10 oz kos

2 lugë çaji sheqer

½ lugë gjelle garam masala

250 ml / 8 ml oz ujë

Shtoni kripë për shije

Metoda

- Ngrohni vajin në një tigan. Shtoni pjesët e panelit. I skuqim në zjarr mesatar deri në kafe të artë. I kullojmë dhe i lëmë mënjanë.
- Përzieni karrotën, bizelet dhe bizelet. Ziejeni këtë përzierje në një tenxhere me avull në nxehtësi mesatare për 8-10 minuta.
- Shtoni djegësin e gjelbër dhe kripën. Përziejini mirë. Le menjane.
- Përgatitni salcën duke bluar xhenxhefilin, hudhrën, djegësin e gjelbër dhe farat e qimnonit në një pastë të butë.
- Ngrohni gjalpin në një tenxhere. Shtoni qepët. I skuqim në zjarr mesatar derisa të bëhen të tejdukshme.
- Shtoni pastën me xhenxhefil-hudhër dhe domatet. Piqni për një minutë tjetër.
- Shtoni niseshte misri, kosin, sheqerin, garam masala, ujin dhe kripën. Përzieni përzierjen për 4-5 minuta.

- Shtoni përzierjen e perimeve të ziera në avull dhe paneer të skuqur. Përziejini mirë. Mbuloni me kapak dhe gatuajeni përzierjen në zjarr të ulët për 2-3 minuta.

- Zbukuroni gjalpin paneer masala me gjethe koriandër. Shërbejeni të nxehtë.

Mor Kolambu

(Perime të përziera në stilin indian jugor)

për 4 persona

Përbërësit

2 lugë çaji vaj kokosi

2 patëllxhanë të përmasave të mesme, të prera në kubikë

2 bateri indiane*, E copëtuar

100 gr kungull* në kubikë

100 g / 3½ oz bamje

Shtoni kripë për shije

200 g / 7 oz kos

250 ml / 8 ml oz ujë

10 gjethe kerri

Për përzierjen e erëzave:

2 lugë gjelle mung Dal*, ziej për 10 minuta

1 lugë fara koriandër

½ lugë fara qimnoni

4-5 fara fenugreek

½ lugë fara sinapi

½ lugë oriz basmati

2 lugë kokos të freskët të grirë

Metoda
- Përziejini të gjithë përbërësit e përzierjes së erëzave. Le menjane.
- Ngrohni vajin e kokosit në një tenxhere. Shtoni patëllxhanët, shkopinjtë, kungullin, bamjet dhe kripën. E skuqim këtë përzierje në zjarr mesatar për 4-5 minuta.
- Shtoni përzierjen e erëzave. Piqeni për 4-5 minuta.
- Shtoni kosin dhe ujin. Përziejini mirë. Mbulojeni me kapak dhe ziejini në zjarr të ulët për 7-8 minuta.
- Mor kolambunë e zbukurojmë me gjethe kerri. Shërbejeni të nxehtë.

Aloo Gobhi aur Methi ka Tuk

(patate të stilit Sindhi, lulelakër dhe fenugreek)

për 4 persona

Përbërësit

500 ml / 16 ml ujë

Shtoni kripë për shije

4 patate të mëdha të paqëruara, të prera në copa 5 cm

20 g/¾oz gjethe të freskëta të fenugrekut

3 lugë vaj vegjetal të pastruar

1 lugë gjelle fara sinapi

2-4 gjethe kerri

1 lugë gjelle pastë xhenxhefili

1 lugë çaji pastë hudhre

800 g / 1¾ lb lulelakra

1 lugë çaji djegës pluhur

1 lugë çaji amchoor*

½ lugë e grirë qimnon

½ lugë piper i zi i bluar imët

Një majë e madhe gjethesh të thara fenugreku

2 luge gjelle kokrra shege te fresketa

Metoda

- Hidhni ujë në një tenxhere, shtoni kripë dhe zieni.
- Shtoni patatet dhe ziejini derisa të zbuten. Kulloni patatet dhe lërini mënjanë.
- Fërkoni gjethet e freskëta të fenugrekut me kripë për të zvogëluar hidhërimin e tyre. Lani dhe kulloni gjethet. Le menjane.
- Ngrohni vajin në një tigan. Shtoni farat e mustardës dhe gjethet e kerit. Lërini të ziejnë për 15 sekonda.
- Shtoni pastën e xhenxhefilit dhe pastën e hudhrës. Skuqeni përzierjen në nxehtësi mesatare për një minutë.
- Shtoni lulelakra, pluhur djegës, amchoor, qimnon të bluar, piper dhe gjethe të thata fenugree. Vazhdoni skuqjen për 3-4 minuta.
- Shtoni patatet dhe gjethet e freskëta të fenugreek. Ziejeni përzierjen në zjarr të ulët për 7-8 minuta.
- Dekoroni me kokrra shege. Shërbejeni të nxehtë.

zog

(Perimet e Indisë së Jugut)

për 4 persona

Përbërësit

400 g/14 oz kos të thjeshtë

1 lugë çaji fara qimnoni

100 g / 3½ oz arrë kokosi të freskët të grirë

Shtoni kripë për shije

4 lugë çaji gjethe koriandër, të prera

750 ml / 1¼ litër ujë

100 g / 3½ oz kungull* të copëtuar

200 g / 7 oz perime të ngrira

¼ lugë çaji shafran i Indisë

4 djegës të gjelbër të prerë për së gjati

120 ml / 4 ml vaj vegjetal të pastruar

¼ lugë çaji fara mustardë

10 gjethe kerri

një majë asafetida

2 speca djegës të kuq të tharë

Metoda

- Rrihni kosin me farat e qimnonit, kokosin, kripën, gjethet e korianderit dhe 250 ml ujë. Le menjane.
- Përzieni kungullin dhe perimet në një tenxhere të thellë me kripë, 500 ml ujë dhe shafran të Indisë. Gatuani këtë përzierje në nxehtësi mesatare për 10-15 minuta. Le menjane.
- Shtoni përzierjen e kosit dhe djegësin jeshil dhe gatuajeni për 10 minuta duke i përzier shpesh. Le menjane.
- Ngrohni vajin në një tigan. Shtoni pjesën tjetër të përbërësve. I lëmë të ziejnë për 30 sekonda.
- Hidheni këtë në përzierjen e perimeve. Përziejini mirë. Gatuani në zjarr të ulët për 1-2 minuta.
- Shërbejeni të nxehtë.

kerri dhallë

për 4 persona

Përbërësit

400 gr kos

250 ml / 8 ml oz ujë

3 lugë çaji besan*

2 djegës të gjelbër të prerë për së gjati

10 gjethe kerri

Shtoni kripë për shije

1 lugë ghee

½ lugë fara qimnoni

6 thelpinj hudhre, te grira

2 dhëmbë

2 djegës të kuq

një majë asafetida

½ lugë shafran i Indisë

1 lugë çaji djegës pluhur

2 lugë gjelle gjethe koriandër të copëtuara

Metoda

- Kosin, ujin dhe besanin i përziejmë mirë në një tenxhere. Sigurohuni që të mos formohen gunga.
- Shtoni specin djegës të gjelbër, gjethet e kerit dhe kripën. Ziejeni përzierjen në zjarr të ulët për 5-6 minuta, duke e përzier herë pas here. Le menjane.
- Ngroheni ghee në një tigan. Shtoni farat e qimnonit dhe hudhrën. I skuqim në zjarr mesatar për një minutë.
- Shtoni karafil, djegës të kuq, asafetida, shafran i Indisë dhe pluhur djegës. Përziejini mirë. E skuqim këtë përzierje për 1 minutë.
- Hidheni këtë në karin e kosit. Gatuani në zjarr të ulët për 4-5 minuta.
- Zbukuroni karin me gjethe koriandër. Shërbejeni të nxehtë.

Krem me lulelakër kerri

për 4 persona

Përbërësit

1 lugë çaji fara qimnoni

3 djegës të gjelbër të prerë për së gjati

1 cm / ½ inç rrënjë xhenxhefili, e grirë

150 g / 5½ oz ghee

500 g / 1 lb 2 oz lulelakër lulesh

3 patate të mëdha, të prera në kubikë

2 domate, të grira hollë

125 g / 4½ oz bizele të ngrira

2 lugë çaji sheqer

750 ml / 1¼ litër ujë

Shtoni kripë për shije

250 ml / 8 ml krem të lëngshëm

1 lugë gjelle garam masala

25 g / pak 1 oz gjethe koriandër, të copëtuara

Metoda

- Grini farat e qimnonit, djegësin jeshil dhe xhenxhefilin në një pastë. Le menjane.
- Ngroheni ghee në një tigan. Shtoni lulelakrën dhe patatet. I skuqim në zjarr mesatar deri në kafe të artë.
- Shtoni kumin dhe pastën djegës. Piqeni për 2-3 minuta.
- Shtoni domatet dhe bizelet. Përziejini mirë. E skuqim këtë përzierje për 3-4 minuta.
- Shtoni sheqerin, ujin, kripën dhe kremin. Përziejini mirë. Mbulojeni me kapak dhe ziejini në zjarr të ulët për 10-12 minuta.
- Spërkatni garam masala dhe gjethe koriandër mbi kerri. Shërbejeni të nxehtë.

Përdorimi i bizeles

(Bizele Masala)

Për 3 porcione

Përbërësit

1 lugë gjelle vaj vegjetal të pastruar

¼ lugë çaji fara mustardë

¼ lugë çaji fara qimnoni

¼ lugë çaji pluhur djegës

¼ lugë çaji garam masala

2 djegës të gjelbër të prerë për së gjati

500 g / 1 lb 2 oz bizele të freskëta

2 lugë gjelle ujë

Shtoni kripë për shije

1 lugë gjelle kokos të freskët të grirë

10 g / ¼ oz gjethe koriandër, të copëtuara

Metoda

- Ngrohni vajin në një tigan. Shtoni farat e sinapit dhe farat e qimnonit. Lërini të ziejnë për 15 sekonda.
- Shtoni pluhur djegës, garam masala dhe djegës jeshil. Skuqeni përzierjen në nxehtësi mesatare për një minutë.
- Shtoni bizelet, ujin dhe kripën. Përziejini mirë. Ziejeni përzierjen në zjarr të ulët për 7-8 minuta.
- Dekoroni me gjethe kokosi dhe koriandër. Shërbejeni të nxehtë.

Përshëndetje Posto

(patate me fara lulekuqe)

për 4 persona

Përbërësit

2 lugë gjelle vaj mustarde

1 lugë çaji fara qimnoni

4 lugë fara lulekuqe, të bluara

4 speca djegës të gjelbër, të grirë

½ lugë shafran i Indisë

Shtoni kripë për shije

6 patate të ziera dhe të prera në kubikë

2 lugë gjelle gjethe koriandër të copëtuara

Metoda

- Ngrohni vajin në një tigan. Shtoni farat e qimnonit. Lërini të ziejnë për 15 sekonda.
- Shtoni farat e bluara të lulëkuqes, djegësin jeshil, shafranin e Indisë dhe kripën. Skuqeni përzierjen për disa sekonda.
- Shtoni patatet. Përziejini mirë. Skuqni përzierjen për 3-4 minuta.
- Dekoroni me gjethe koriandër. Shërbejeni të nxehtë.

Palak Paneer

(Paneer në salcë spinaqi)

për 4 persona

Përbërësit

1 lugë gjelle vaj vegjetal të pastruar

50 g / 1¾oz paneer*, në kube

1 lugë çaji fara qimnoni

1 djegës jeshil, i prerë për së gjati

1 qepë e vogël, e grirë hollë

200 g / 7 oz spinaq, i zier në avull dhe i grirë

1 lugë çaji lëng limoni

Sheqer për shije

Shtoni kripë për shije

Metoda

- Ngrohni vajin në një tigan. Shtoni paneer dhe skuqeni deri në kafe të artë. Kullojini dhe lërini mënjanë.
- Shtoni farat e qimnonit, djegësin e gjelbër dhe qepën në të njëjtin vaj. I skuqim në zjarr mesatar derisa qepa të marrë ngjyrë kafe të artë.
- Shtoni pjesën tjetër të përbërësve. Përziejini mirë masën. Ziejini për 5 minuta.
- Lëreni këtë përzierje të ftohet për një kohë. Bluajeni në një përpunues ushqimi në një pastë të trashë.
- Transferoni në një tenxhere dhe shtoni copat e skuqura paneer. Përziejini lehtë. Gatuani në zjarr të ulët për 3-4 minuta. Shërbejeni të nxehtë.

Vras Paneer

(bizele dhe paneer)

për 4 persona

Përbërësit

1½ lugë ghee

Paneer 250g / 9oz*, E copëtuar

2 gjethe dafine

½ lugë spec djegës pluhur

¼ lugë çaji shafran i Indisë

1 lugë çaji koriandër të bluar

½ lugë e grirë qimnon

400 g / 14 oz bizele të gatuara

2 domate të mëdha, të zbardhura

5 arra shqeme të bluara në një pastë

2 lugë kos grek

Shtoni kripë për shije

Metoda

- Ngrohni gjysmën e salcës në një tigan. Shtoni copat paneer dhe skuqini në nxehtësi mesatare deri në kafe të artë. Le menjane.
- Ngrohni ghein e mbetur në një tigan. Shtoni gjethet e dafinës, pluhur djegës, shafran i Indisë, koriandër dhe qimnon. I lëmë të ziejnë për 30 sekonda.
- Shtoni bizelet dhe domatet. Piqeni për 2-3 minuta.
- Shtoni pastën e arrave me shqeme, kosin, kripën dhe copat e skuqura. Përziejini mirë. Ziejeni përzierjen për 10 minuta, duke e përzier herë pas here. Shërbejeni të nxehtë.

Dahi Karela

(Pagur e hidhur e skuqur në kos)

për 4 persona

Përbërësit

250 g / 9 oz pagur e hidhur*, qërohet dhe pritet për së gjati

Shtoni kripë për shije

1 lugë çaji amchoor*

2 lugë vaj vegjetal të pastruar plus për tiganisje

2 qepë të mëdha, të grira

½ lugë pastë hudhre

½ lugë pastë xhenxhefili

400 gr kos

1½ lugë e vogël koriandër të bluar

1 lugë çaji djegës pluhur

½ lugë shafran i Indisë

½ lugë gjelle garam masala

250 ml / 8 ml oz ujë

Metoda

- Marinojeni kungullin me kripë dhe lëreni të pushojë për një orë. Ngrohni vajin për skuqje në një tigan. Shtoni kungull. Skuqini në nxehtësi mesatare deri në kafe të artë. Kullojeni dhe lëreni mënjanë.
- Ngrohni 2 lugë vaj në një tigan. Shtoni qepët, pastën e hudhrës dhe pastën e xhenxhefilit. Skuqini në nxehtësi mesatare derisa qepët të marrin ngjyrë kafe të artë.
- Shtoni pjesën tjetër të përbërësve dhe kungullin. Përziejini mirë. Ziejeni përzierjen në zjarr të ulët për 7-8 minuta. Shërbejeni të nxehtë.

Kari me domate me perime

për 4 persona

Përbërësit

3 lugë vaj vegjetal të pastruar

Një majë fara sinapi

një majë qimnon

një majë asafetida

8 gjethe kerri

4 speca djegës të gjelbër, të grirë hollë

200 g / 7 oz perime të ngrira

750 g / 1 lb 10 oz domate, të pure

4 lugë besan*

Shtoni kripë për shije

Metoda

- Ngrohni vajin në një tigan. Shtoni farat e sinapit, qimnon, asafetida, gjethet e kerit dhe djegësin. Lërini të ziejnë për 15 sekonda.
- Shtoni perimet, purenë e domateve, besanin dhe kripën. Përziejini mirë. Ziejini në zjarr të ulët për 8-10 minuta, duke i përzier herë pas here. Shërbejeni të nxehtë.

Doodhi me Chana Dhal

(Pagur në shishe në Gram Dhal)

për 4 persona

Përbërësit

1 lugë çaji vaj vegjetal të rafinuar

¼ lugë çaji fara mustardë

500 g / 1 lb 2oz pagur në shishe*, në kube

1 lugë gjelle chana dahal* zhyteni për 1 orë dhe kullojeni

2 domate, të grira hollë

një majë shafran i Indisë

2 lugë çaji sheqer kaf*, i grirë

½ lugë spec djegës pluhur

Shtoni kripë për shije

120 ml / 4 ml ujë

10 g / ¼ oz gjethe koriandër, të copëtuara

Metoda

- Ngrohni vajin në një tigan. Shtoni farat e sinapit. Lërini të ziejnë për 15 sekonda.
- Shtoni pjesën tjetër të përbërësve përveç ujit dhe gjetheve të koriandrit. Përziejini mirë. Piqeni për 4-5 minuta. Shtoni ujë. Gatuani në zjarr të ulët për 30 minuta.
- Dekoroni me gjethe koriandër. Shërbejeni të nxehtë.

Domate Chi Bhaji*

(Kari me domate)

për 4 persona

Përbërësit

250 g / 9 oz kikirikë të pjekur

3 djegës të gjelbër

6 domate të mëdha, të zbardhura dhe të prera në feta

1½ lugë pastë tamarindi

1 lugë gjelle sheqer kaf*, i grirë

1 lugë gjelle garam masala

1 lugë çaji qimnon i bluar

½ lugë spec djegës pluhur

Shtoni kripë për shije

1 lugë gjelle gjethe koriandër të copëtuara

Metoda

- Grini kikirikët dhe djegësin jeshil në një pastë të butë.
- Përziejini me pjesën tjetër të përbërësve, përveç gjetheve të koriandrit. Gatuani këtë përzierje në një tenxhere mbi nxehtësinë mesatare për 5-6 minuta.
- Zbukuroni bhaxhin me gjethe koriandër. Shërbejeni të nxehtë.

patate të thata

për 4 persona

Përbërësit

1 lugë gjelle vaj vegjetal të pastruar

½ lugë fara sinapi

3 djegës të gjelbër të prerë për së gjati

8-10 gjethe kerri

¼ lugë çaji asafetida

¼ lugë çaji shafran i Indisë

Shtoni kripë për shije

500 g / 1 lb 2oz patate, të gatuara dhe të prera në kubikë

10 g / ¼ oz gjethe koriandër, të copëtuara

Metoda

- Ngrohni vajin në një tigan. Shtoni farat e sinapit. Lërini të ziejnë për 15 sekonda.
- Shtoni djegësin jeshil, gjethet e kerit, asafetida, shafranin e Indisë dhe kripën. E skuqim këtë përzierje në nxehtësi mesatare për një minutë.

- Shtoni patatet. Përziejini mirë. Mbulojeni me kapak dhe gatuajeni për 5 minuta.
- E zbukurojmë përzierjen e patates me gjethe koriandër. Shërbejeni të nxehtë.

Bamje të mbushura

për 4 persona

Përbërësit

1 lugë gjelle koriandër të bluar

6 thelpinj hudhre

50 gr kokos të freskët, të grirë hollë

1 cm / ½ inç rrënjë xhenxhefili

4 djegës të gjelbër

6 lugë besan*

1 qepë e madhe, e grirë

1 lugë çaji qimnon i bluar

½ lugë spec djegës pluhur

½ lugë shafran i Indisë

Shtoni kripë për shije

750 g / 1 lb 10 oz bamje të mëdha, të prera në gjysmë

60 ml / 2 ml vaj vegjetal të pastruar

Metoda

- Grini korianderin, hudhrën, kokosin, xhenxhefilin dhe djegësin jeshil në një pastë të lëmuar. Përzieni këtë pastë me përbërës të tjerë përveç bamjeve dhe vajit.
- Mbushni bamjet me këtë përzierje.
- Ngrohni vajin në një tigan. Shtoni bamjet e mbushura. Skuqini në nxehtësi mesatare deri në kafe të artë, duke e kthyer herë pas here. Shërbejeni të nxehtë.

Masala Okra

për 4 persona

Përbërësit

2 lugë vaj vegjetal të rafinuar

2 thelpinj hudhre te grira holle

½ lugë spec djegës pluhur

¼ lugë çaji shafran i Indisë

½ lugë e vogël koriandër të bluar

½ lugë e grirë qimnon

600 g / 1 lb 5 oz bamje, e bluar

Shtoni kripë për shije

Metoda

- Ngrohni vajin në një tigan. Shtoni hudhrën. Skuqini në nxehtësi mesatare deri në kafe të artë. Shtoni pjesën tjetër të përbërësve përveç bamjeve dhe kripës. Përziejini mirë. E skuqim këtë përzierje për 1-2 minuta.
- Shtoni bamjet dhe kripën. Ziejeni përzierjen në zjarr të ulët për 3-4 minuta. Shërbejeni të nxehtë.

Simla vret

(Karri piper jeshil dhe bizele)

për 4 persona

Përbërësit

2 lugë vaj vegjetal të rafinuar

3 qepë të vogla, të grira

2 djegës të gjelbër, të grirë hollë

1 lugë pastë xhenxhefili

1 lugë çaji pastë hudhre

2 speca jeshilë të mëdhenj, të prerë në kubikë

600 g / 1 lb 5 oz bizele të ngrira

250 ml / 8 ml oz ujë

Shtoni kripë për shije

1 lugë gjelle kokos të freskët të grirë

½ lugë kanellë të bluar

Metoda

- Ngrohni vajin në një tigan. Shtoni qepët. I skuqim në zjarr mesatar deri në kafe të artë.
- Shtoni specin djegës të gjelbër, pastën e xhenxhefilit dhe pastën e hudhrës. Skuqini për 1-2 minuta.
- Shtoni specat dhe bizelet. Vazhdoni skuqjen për 5 minuta.
- Shtoni ujë dhe kripë. Përziejini mirë. Mbulojeni me kapak dhe ziejini në zjarr të ulët për 8-10 minuta.
- Dekoroni me kokos dhe kanellë. Shërbejeni të nxehtë.

Bishtaja

për 4 persona

Përbërësit

3 lugë vaj vegjetal të pastruar

¼ lugë çaji fara qimnoni

¼ lugë çaji shafran i Indisë

½ lugë spec djegës pluhur

1 lugë çaji koriandër të bluar

1 lugë çaji qimnon i bluar

1 lugë çaji sheqer

Shtoni kripë për shije

500g/1lb 2oz fasule franceze, të copëtuara

120 ml / 4 ml ujë

Metoda

- Ngrohni vajin në një tigan. Shtoni farat e qimnonit dhe shafranin e Indisë. Lërini të ziejnë për 15 sekonda.
- Shtoni pjesën tjetër të përbërësve përveç ujit. Përziejini mirë.
- Shtoni ujë. Mbulojeni me kapak. Gatuani në zjarr të ulët për 10-12 minuta. Shërbejeni të nxehtë.

Masala daulle

për 4 persona

Përbërësit

2 lugë vaj vegjetal të rafinuar

2 qepë të vogla, të grira

½ lugë pastë xhenxhefili

1 domate e grirë hollë

1 djegës i gjelbër, i grirë hollë

1 lugë çaji qimnon i bluar

1 lugë çaji koriandër të bluar

½ lugë shafran i Indisë

¾ lugë spec djegës pluhur

4 bateri indiane*, prerë në copa 5 cm / 2 inç

Shtoni kripë për shije

250 ml / 8 ml oz ujë

1 lugë gjelle gjethe koriandër të copëtuara

Metoda

- Ngrohni vajin në një tigan. Shtoni qepët dhe pastën e xhenxhefilit. I skuqim në zjarr mesatar derisa qepët të bëhen të tejdukshme.
- Shtoni pjesën tjetër të përbërësve përveç ujit dhe gjetheve të koriandrit. Përziejini mirë. Piqeni për 5 minuta. Shtoni ujë. Përziejini mirë. Mbulojeni me kapak. Gatuani në zjarr të ulët për 10-15 minuta.
- Dekoroni shkopinjtë e Masalës me gjethe koriandër. Shërbejeni të nxehtë.

Patate e thatë pikante

për 4 persona

Përbërësit

750 g / 1 lb 10 oz patate, të gatuara dhe të prera në kubikë

½ lugë çati masala*

½ lugë spec djegës pluhur

¼ lugë çaji shafran i Indisë

3 lugë vaj vegjetal të pastruar

1 lugë fara susami të bardhë

2 speca djegës të kuq të tharë, të prera në katër pjesë

Shtoni kripë për shije

½ lugë çaji qimnon i bluar, i pjekur i thatë

10 g / ¼ oz gjethe koriandër, të copëtuara

Lëng nga ½ limoni

Metoda

- Përziejini patatet me chaat masala, pluhur djegës dhe shafran i Indisë derisa erëzat të mbulojnë patatet. Le menjane.
- Ngrohni vajin në një tigan. Shtoni farat e susamit dhe djegësin e kuq. Lërini të ziejnë për 15 sekonda.
- Shtoni patatet dhe kripën. Përziejini mirë. Gatuani në zjarr të ulët për 7-8 minuta. Spërkatni pjesën tjetër të përbërësve sipër. Shërbejeni të nxehtë.

Khatte Palak

(spinaq pikant)

për 4 persona

Përbërësit

3 lugë vaj vegjetal të pastruar

1 qepë e madhe, e grirë

½ lugë pastë xhenxhefili

½ lugë pastë hudhre

400 g / 14 oz spinaq i grirë imët

2 djegës të gjelbër, të grirë hollë

½ lugë shafran i Indisë

1 lugë çaji qimnon i bluar

Shtoni kripë për shije

125 g / 4½ oz kos, i rrahur

Metoda

- Ngrohni vajin në një tigan. Shtoni qepën, pastën e xhenxhefilit dhe pastën e hudhrës. Kaurdisni këtë përzierje në nxehtësi mesatare derisa qepët të jenë të tejdukshme.
- Shtoni pjesën tjetër të përbërësve përveç kosit. Përziejini mirë. Gatuani në zjarr të ulët për 7-8 minuta.
- Shtoni kos. Përziejini mirë. Gatuani në zjarr të ulët për 4-5 minuta. Shërbejeni të nxehtë.

Perime të përziera tre në një

për 4 persona

Përbërësit

4 lugë vaj vegjetal të pastruar

¼ lugë çaji fara mustardë

¼ lugë çaji fara fenugreek

300 g / 10 oz bamje, të prera në kubikë

2 speca jeshil të qëruar dhe të grirë

2 domate, të grira hollë

2 tranguj të mëdhenj, të copëtuar

½ lugë spec djegës pluhur

¼ lugë çaji shafran i Indisë

Shtoni kripë për shije

Metoda

- Ngrohni vajin në një tigan. Shtoni farat e sinapit dhe fenugreek. Lërini të ziejnë për 15 sekonda.
- Shtoni bamje. Skuqini në nxehtësi mesatare për 7 minuta. Shtoni pjesën tjetër të përbërësve. Përziejini mirë. Gatuani në zjarr të ulët për 5-6 minuta. Shërbejeni të nxehtë.

Patate në salcë kosi

për 4 persona

Përbërësit

120 ml / 4 ml ujë

3 lugë vaj vegjetal të pastruar

1 lugë çaji fara qimnoni

1 lugë fara sinapi

1 cm / ½ inç rrënjë xhenxhefili, e grirë

2 thelpinj hudhre, te grira

3 patate të mëdha të ziera dhe të grira

200 g / 7 oz kos, i rrahur

¼ lugë çaji miell gruri të plotë

1 lugë çaji kripë

Për përzierjen e erëzave:

1 lugë çaji djegës pluhur

½ lugë e vogël koriandër të bluar

¼ lugë çaji shafran i Indisë

¼ lugë çaji garam masala

një majë asafetida

Metoda

- Përziejini përbërësit e përzierjes së erëzave me gjysmën e ujit. Le menjane.
- Ngrohni vajin në një tigan. Shtoni farat e qimnonit dhe mustardës. Lërini të ziejnë për 15 sekonda. Shtoni xhenxhefil dhe hudhër. I skuqim në zjarr mesatar për një minutë.
- Shtoni përzierjen e erëzave dhe të gjithë përbërësit e mbetur. Përziejini mirë. Gatuani në zjarr të ulët për 10-12 minuta. Shërbejeni të nxehtë.

Kele ki Bhaji

(Kari me banane jeshile)

për 4 persona

Përbërësit

6 banane jeshile, të qëruara dhe të prera në copa 1 inç/2,5 cm të trasha

Shtoni kripë për shije

3 lugë vaj vegjetal të pastruar

1 qepë e madhe, e prerë hollë

2 thelpinj hudhre, te grira

2-3 djegës të gjelbër të prerë për së gjati

1 cm / ½ inç rrënjë xhenxhefili

1 lugë çaji shafran i Indisë

½ lugë fara qimnoni

½ kokos i freskët, i grirë në rende

Metoda

- Thithni bananet në ujë të ftohtë me kripë për një orë. Kullojini dhe lërini mënjanë.

- Ngrohni vajin në një tigan. Shtoni qepën, hudhrën, djegësin jeshil dhe xhenxhefilin. I skuqim në zjarr mesatar derisa qepa të marrë ngjyrë kafe të artë.

- Shtoni bananet dhe shafranin e Indisë, qimnon dhe kripën. Përziejini mirë. Mbulojeni me kapak dhe ziejini në zjarr të ulët për 5-6 minuta.

- Shtoni kokosin, përziejini lehtë dhe ziejini për 2-3 minuta. Shërbejeni të nxehtë.

koko kathal

(Jackfrut jeshil me kokos)

për 4 persona

Përbërësit

500 g / 1 lb 2 oz frut jeshil*, të qëruara dhe të prera

500 ml / 16 ml ujë

Shtoni kripë për shije

100 ml / 3½ ml vaj mustarde

2 gjethe dafine

1 lugë çaji fara qimnoni

1 lugë pastë xhenxhefili

250 ml / 8 ml qumësht kokosi

Sheqer për shije

Për erëza:

75 g / 2½ oz ghee

1 cm kanellë

4 bishtaja kardamom jeshile

1 lugë çaji djegës pluhur

2 djegës të gjelbër të prerë për së gjati

Metoda

- Përzieni copat e jackfruit me ujë dhe kripë. Gatuani këtë përzierje në një tenxhere mbi nxehtësinë mesatare për 30 minuta. Kullojini dhe lërini mënjanë.

- Ngrohni vajin e mustardës në një tigan. Shtoni gjethet e dafinës dhe farat e qimnonit. Lërini të ziejnë për 15 sekonda.

- Shtoni jackfruit dhe paste xhenxhefili, qumësht kokosi dhe sheqer. Gatuani për 3-4 minuta, duke e përzier vazhdimisht. Le menjane.

- Ngroheni ghee në një tigan. Shtoni erëzat. Skuqini për 30 sekonda.

- Hidheni këtë përzierje mbi përzierjen e jackfruit. Shërbejeni të nxehtë.

Feta pikante të ëmbëlsirës

për 4 persona

Përbërësit

500 gr / 1 paund 2 oz

1 qepë mesatare

1 lugë pastë xhenxhefili

1 lugë çaji pastë hudhre

1 lugë çaji djegës pluhur

1 lugë çaji koriandër të bluar

4 dhëmbë

1 cm kanellë

4 bishtaja kardamom jeshile

½ lugë piper

50 g / 1¾oz gjethe koriandër

50 g / 1¾oz gjethe nenexhiku

Shtoni kripë për shije

Vaj vegjetal i pastruar për tiganisje

Metoda

- Qëroni petët dhe pritini në feta me trashësi 1 cm. Ziejini me avull për 5 minuta. Le menjane.

- Përzieni pjesën tjetër të përbërësve përveç vajit në një pastë të butë.

- Përhapeni pastën në të dy anët e fetave të ëmbëlsirës.

- Ngrohni vajin në një tigan që nuk ngjit. Shtoni fetat e ëmbëlsirës. Skuqini derisa të bëhen krokante nga të dyja anët, duke shtuar pak vaj në skajet. Shërbejeni të nxehtë.

yam masala

për 4 persona

Përbërësit

400 g / 14 oz, të qëruara dhe të prera në kubikë

750 ml / 1¼ litër ujë

Shtoni kripë për shije

3 lugë vaj vegjetal të pastruar

¼ farat e sinapit

2 speca djegës të kuq të plotë, të copëtuara

¼ lugë çaji shafran i Indisë

¼ lugë çaji qimnon i bluar

1 lugë çaji koriandër të bluar

3 lugë kikirikë, të grimcuar përafërsisht

Metoda

- Ziejini farat me ujë dhe kripë në një tenxhere për 30 minuta. Kullojini dhe lërini mënjanë.

- Ngrohni vajin në një tigan. Shtoni farat e mustardës dhe copat e kuqe të djegës. Lërini të ziejnë për 15 sekonda.

- Shtoni pjesën tjetër të përbërësve dhe frutat e pjekura. Përziejini mirë. Gatuani në zjarr të ulët për 7-8 minuta. shërbejeni të nxehtë

Panxhari Masala

për 4 persona

Përbërësit

2 lugë vaj vegjetal të rafinuar

3 qepë të vogla, të grira

½ lugë pastë xhenxhefili

½ lugë pastë hudhre

3 djegës të gjelbër të prerë për së gjati

3 panxhar të qëruar dhe të prerë

¼ lugë çaji shafran i Indisë

1 lugë çaji koriandër të bluar

¼ lugë çaji garam masala

Shtoni kripë për shije

125 g / 4½ oz pure domate

1 lugë gjelle gjethe koriandër të copëtuara

Metoda

- Ngrohni vajin në një tigan. Shtoni qepët. I skuqim në zjarr mesatar derisa të bëhen të tejdukshme.

- Shtoni pastën e xhenxhefilit, pastën e hudhrës dhe djegësin jeshil. Ziejini në zjarr të ulët për 2-3 minuta.

- Shtoni panxharin, shafranin e Indisë, korianderin e bluar, garam masala, kripën dhe purenë e domates. Përziejini mirë. Gatuani për 7-8 minuta. Dekoroni me gjethe koriandër. Shërbejeni të nxehtë.

Lakrat e fasules Masala

për 4 persona

Përbërësit

2 lugë vaj vegjetal të rafinuar

3 qepë të vogla, të grira

4 speca djegës të gjelbër, të grirë hollë

1 cm / ½ inç rrënjë xhenxhefili, e zbehur

8 thelpinj hudhre, te grira

¼ lugë çaji shafran i Indisë

1 lugë çaji koriandër të bluar

2 domate, të grira hollë

200 g / 7 oz fasule mung të mbirë, të ziera në avull

Shtoni kripë për shije

1 lugë gjelle gjethe koriandër të copëtuara

Metoda

- Ngrohni vajin në një tigan. Shtoni qepën, djegësin jeshil, xhenxhefilin dhe hudhrën. Skuqeni përzierjen në nxehtësi mesatare derisa qepët të marrin ngjyrë kafe të artë.

- Shtoni pjesën tjetër të përbërësve përveç gjetheve të koriandrit. Përziejini mirë. Ziejeni përzierjen në zjarr të ulët për 8-10 minuta, duke e përzier herë pas here.

- Dekoroni me gjethe koriandër. Shërbejeni të nxehtë.

Mirch Masala

(piper jeshil pikant)

për 4 persona

Përbërësit

100 g / 3½ oz spinaq i copëtuar

10 g / ¼ oz gjethe fenugreku, të copëtuara

25 g / pak 1 oz gjethe koriandër, të copëtuara

3 djegës të gjelbër të prerë për së gjati

60 ml / 2 ml oz ujë

3½ lugë vaj vegjetal të rafinuar

2 lugë besan*

1 patate e madhe, e zier dhe e grirë

¼ lugë çaji shafran i Indisë

2 lugë koriandër të bluar

½ lugë spec djegës pluhur

Shtoni kripë për shije

8 speca jeshilë të vegjël, me fara dhe pa fara

1 qepë e madhe, e grirë

2 domate, të grira hollë

Metoda

- Përzieni spinaqin, fenugreek, gjethet e koriandrit dhe djegësin në ujë. Ziejeni përzierjen në avull për 15 minuta. Kullojeni dhe grijeni këtë përzierje në një masë pastë.

- Ngrohni gjysmën e vajit në një tigan. Shtoni besanin, patatet, shafranin e Indisë, korianderin e bluar, djegësin pluhur, kripën dhe pastën e spinaqit. Përziejini mirë. E skuqim këtë përzierje në zjarr mesatar për 3-4 minuta. Hiqeni nga zjarri.

- Mbushni këtë përzierje me speca jeshil.

- Ngrohni ½ lugë vaj në një tigan. Shtoni specat e mbushur. I skuqim në zjarr mesatar për 7-8 minuta duke i kthyer herë pas here. Le menjane.

- Ngrohni vajin e mbetur në një tigan. Shtoni qepën. Skuqini në nxehtësi mesatare deri në kafe të artë. Shtoni domatet dhe specat e mbushura të skuqura. Përziejini mirë. Mbulojeni me kapak dhe ziejini në zjarr të ulët për 4-5 minuta. Shërbejeni të nxehtë.

domate kadhi

(Domate në salcë miell gram)

për 4 persona

Përbërësit

2 lugë besan*

120 ml / 4 ml ujë

3 lugë vaj vegjetal të pastruar

½ lugë fara sinapi

½ lugë fara fenugreek

½ lugë fara qimnoni

2 djegës të gjelbër të prerë për së gjati

8 gjethe kerri

1 lugë çaji djegës pluhur

2 lugë çaji sheqer

150 g / 5½ oz perime të ngrira

Shtoni kripë për shije

8 domate, të zbardhura dhe të bëra pure

2 lugë gjelle gjethe koriandër të copëtuara

Metoda

- Përzieni besanin me ujë për të bërë një pastë të butë. Le menjane.

- Ngrohni vajin në një tigan. Shtoni farat e mustardës, fenugreek dhe qimnonit, djegësin jeshil, gjethet e kerit, pluhurin e djegës dhe sheqerin. I lëmë të ziejnë për 30 sekonda.

- Shtoni perimet dhe kripën. Skuqeni përzierjen në nxehtësi mesatare për një minutë.

- Shtoni purenë e domates. Përziejini mirë. Ziejeni përzierjen në zjarr të ulët për 5 minuta.

- Shtoni pastën besane. Gatuani edhe 3-4 minuta të tjera.

- E zbukurojmë kadhin me gjethe koriandër. Shërbejeni të nxehtë.

kolhapuri perimesh

(Perime pikante të përziera)

për 4 persona

Përbërësit

200 g / 7 oz perime të ngrira

125 g / 4½ oz bizele të ngrira

500 ml / 16 ml ujë

2 djegës të kuq

2,5 cm / 1 inç rrënjë xhenxhefili

8 thelpinj hudhre

2 djegës të gjelbër

50 g / 1¾oz gjethe koriandër, të copëtuara

3 lugë vaj vegjetal të pastruar

3 qepë të vogla, të grira

3 domate, të grira hollë

¼ lugë çaji shafran i Indisë

¼ lugë çaji koriandër të bluar

Shtoni kripë për shije

Metoda

- Përzieni perimet dhe bizelet me ujin. Gatuani përzierjen në një tenxhere mbi nxehtësinë mesatare për 10 minuta. Le menjane.

- Grini specat e kuq, xhenxhefilin, hudhrën, specat jeshilë dhe gjethet e korianderit në një pastë të imët.

- Ngrohni vajin në një tigan. Shtoni xhenxhefil të bluar dhe pastë djegës të kuq dhe qepë. Masën e skuqim në zjarr mesatar për 2 minuta.

- Shtoni domatet, shafranin e Indisë, korianderin e bluar dhe kripën. E skuqim këtë përzierje për 2-3 minuta, duke e përzier herë pas here.

- Shtoni perimet e gatuara. Përziejini mirë. Mbulojeni me kapak dhe gatuajeni përzierjen në zjarr të ulët për 5-6 minuta, duke e përzier në intervale të rregullta.

- Shërbejeni të nxehtë.

Undhiyu

(perime të përziera guxharatisht me petë)

për 4 persona

Përbërësit

2 patate të mëdha, të qëruara

250 g / 9 oz fasule, në copa

1 banane jeshile, e qëruar

20 g/¾oz petull, të qëruara

2 patëllxhanë të vegjël

60 g / 2 oz kokos të freskët të grirë

8 thelpinj hudhre

2 djegës të gjelbër

2,5 cm / 1 inç rrënjë xhenxhefili

100 g / 3½ oz gjethe koriandër, të copëtuara

Shtoni kripë për shije

60 ml / 2 ml oz vaj vegjetal të pastruar plus për tiganisje

një majë asafetida

½ lugë fara sinapi

250 ml / 8 ml oz ujë

Për Muthia:

60 g / 2 oz besane*

25 g / pak 1 oz gjethe fenugreku të freskëta, të copëtuara

½ lugë pastë xhenxhefili

2 djegës të gjelbër, të grirë hollë

Metoda

- Prisni patatet, fasulet, delli, patate dhe patëllxhan. Le menjane.
- Grini kokosin, hudhrën, djegësin jeshil, xhenxhefilin dhe gjethet e korianderit në një pastë. Përzieni këtë pastë me perime të copëtuara dhe kripë. Le menjane.
- Përziejini të gjithë përbërësit e muthias. E përziejmë masën derisa të përftohet një brumë i fortë. Ndani brumin në topa me madhësi arre.
- Ngrohni vajin për tiganisje në një tigan. Më shumë muthias. I skuqim në zjarr mesatar deri në kafe të artë. Kullojini dhe lërini mënjanë.
- Ngrohni vajin e mbetur në një tigan. Shtoni asafetida dhe farat e sinapit. Lërini të ziejnë për 15 sekonda.
- Shtoni ujin, muthiasin dhe përzierjen e perimeve. Përziejini mirë. Mbulojeni dhe ziejini për 20 minuta, duke e përzier herë pas here. Shërbejeni të nxehtë.

Banane Kofta Curry

për 4 persona

Përbërësit
Për Kofta:

2 banane jeshile, të ziera dhe të qëruara

2 patate të mëdha të ziera dhe të qëruara

3 speca djegës të gjelbër, të grirë hollë

1 qepë e madhe, e grirë

1 lugë gjelle gjethe koriandër të copëtuara

1 lugë gjelle mace*

½ lugë spec djegës pluhur

Shtoni kripë për shije

ghee për tiganisje

Për karin:

75 g / 2½ oz ghee

1 qepë e madhe, e grirë

10 thelpinj hudhre, te grira

1 lugë gjelle koriandër të bluar

1 lugë gjelle garam masala

2 domate, të grira hollë

3 gjethe kerri

Shtoni kripë për shije

250 ml / 8 ml oz ujë

½ lugë gjelle gjethe koriandër, të copëtuara

Metoda
- Grini bananet dhe patatet.
- Përziejini me përbërës të tjerë të koftes përveç gheit. Ziejeni këtë përzierje derisa të fitoni një brumë të fortë. Ndani brumin në topa me madhësi arre për kofta.
- Ngroheni ghee për tiganisje në një tigan. Shtoni koftat. I skuqim në zjarr mesatar deri në kafe të artë. Kullojini dhe lërini mënjanë.
- Për kerri, ngrohni ghee në një tenxhere. Shtoni qepën dhe hudhrën. Skuqini në nxehtësi mesatare derisa qepa të bëhet transparente. Shtoni koriandër të bluar dhe garam masala. Piqeni për 2-3 minuta.
- Shtoni domatet, gjethet e kerit, kripën dhe ujin. Përziejini mirë. Ziejeni përzierjen për 15 minuta, duke e përzier herë pas here.
- Shtoni koftat e skuqura. Mbulojeni me kapak dhe vazhdoni zierjen në zjarr të ulët për 2-3 minuta.
- Dekoroni me gjethe koriandër. Shërbejeni të nxehtë.

Pagur e hidhur me qepë

për 4 persona

Përbërësit

500 g / 1 lb 2 oz pagur e hidhur*

Shtoni kripë për shije

750 ml / 1¼ litër ujë

4 lugë vaj vegjetal të pastruar

½ lugë fara qimnoni

½ lugë fara sinapi

një majë asafetida

½ lugë pastë xhenxhefili

½ lugë pastë hudhre

2 qepë të mëdha, të grira

½ lugë shafran i Indisë

1 lugë çaji djegës pluhur

1 lugë çaji qimnon i bluar

1 lugë çaji koriandër të bluar

1 lugë çaji sheqer

Lëng nga 1 limon

1 lugë gjelle gjethe koriandër të copëtuara

Metoda

- Qëroni kungujt dhe pritini në feta të holla. Hidhni farat.
- I ziejme me kripe dhe uje ne nje tenxhere ne zjarr mesatar per 5-7 minuta. E heqim nga zjarri, e kullojmë dhe e kullojmë, e lëmë mënjanë.
- Ngrohni vajin në një tigan. Shtoni farat e qimnonit dhe mustardës. Lërini të ziejnë për 15 sekonda.
- Shtoni asafetida, paste xhenxhefil dhe paste hudhre. Skuqeni përzierjen në nxehtësi mesatare për një minutë.
- Shtoni qepët. I skuqim për 2-3 minuta.
- Shtoni shafranin e Indisë, pluhur djegës, qimnon të bluar dhe koriandër të bluar. Përziejini mirë.

- Shtoni kungullin, sheqerin dhe lëngun e limonit. Përziejini mirë. Mbulojeni me kapak dhe gatuajeni përzierjen në zjarr të ulët për 6-7 minuta, duke e përzier në intervale të rregullta.
- Dekoroni me gjethe koriandër. Shërbejeni të nxehtë.

Sukha Khatta Chana

(qiqra të thara të hidhura)

për 4 persona

Përbërësit

4 kokrra piper te zi

2 dhëmbë

2,5 cm / 1 inç kanellë

½ lugë fara koriandër

½ lugë fara qimnoni të zi

½ lugë fara qimnoni

500 g / 1 lb 2 oz qiqra, të njomur gjatë natës

Shtoni kripë për shije

1 litër / 1¾ litër ujë

1 luge gjelle kokrra shege te thata

Shtoni kripë për shije

1 cm / ½ inç rrënjë xhenxhefili, e copëtuar

1 djegës i gjelbër, i bluar

2 lugë pastë tamarindi

2 lugë ghee

1 patate e vogël, e prerë në kubikë

1 domate e grirë hollë

Metoda

- Për përzierjen e erëzave, grini kokrrat e piperit, karafil, kanellë, koriandër, farat e qimnonit të zi dhe farat e qimnonit në një pluhur të imët. Le menjane.
- Përzieni qiqrat me kripë dhe ujë. Gatuani këtë përzierje në një tenxhere mbi nxehtësinë mesatare për 45 minuta. Le menjane.
- Pjekni kokrrat e shegës në një tigan në nxehtësi mesatare për 2-3 minuta. Hiqeni nga zjarri dhe bluajeni në pluhur. Përziejini me kripë dhe skuqeni përsëri përzierjen për 5 minuta. Transferoni në një tenxhere.
- Shtoni xhenxhefilin, djegësin jeshil dhe pastën e tamarindës. Gatuani këtë përzierje në nxehtësi mesatare për 4-5 minuta. Shtoni përzierjen e bluar të erëzave. Përziejini mirë dhe rezervoni.
- Ngrohni ghee në një tigan tjetër. Shtoni patatet. I skuqim në zjarr mesatar deri në kafe të artë.
- Shtoni patatet në qiqrat e ziera. Shtoni gjithashtu përzierjen e tamarindës dhe erëzat e bluara.
- Përziejini mirë dhe ziejini në zjarr të ulët për 5-6 minuta.

Bharwan Karela

(pagur e hidhur e mbushur)

për 4 persona

Përbërësit

500 g / 1 lb 2 oz pagura të vogla të hidhura*

Shtoni kripë për shije

1 lugë çaji shafran i Indisë

Vaj vegjetal i pastruar për tiganisje

Për mbushje:

5-6 djegës të gjelbër

2,5 cm / 1 inç rrënjë xhenxhefili

12 thelpinj hudhre

3 qepë të vogla

1 lugë gjelle vaj vegjetal të pastruar

4 patate të mëdha, të ziera dhe të grira

½ lugë shafran i Indisë

½ lugë spec djegës pluhur

1 lugë çaji qimnon i bluar

1 lugë çaji koriandër të bluar

një majë asafetida

Shtoni kripë për shije

Metoda

- Qëroni pagurt e hidhur. Pritini me kujdes për së gjati, duke i mbajtur fundet të paprekura. Hiqni farat dhe tulin dhe hidhni. Fërkoni kripë dhe shafran të Indisë në lëvozhgat e jashtme. I lëmë mënjanë për 4-5 orë.
- Për mbushjen, grini djegësin, xhenxhefilin, hudhrën dhe qepën derisa të përftoni një pastë. Le menjane.
- Ngrohni 1 lugë vaj në një tigan. Shtoni qepën, xhenxhefilin dhe pastën e hudhrës. Skuqini në nxehtësi mesatare për 2-3 minuta.
- Shtoni pjesën tjetër të përbërësve të mbushjes. Përziejini mirë. Masën e skuqim në zjarr mesatar për 3-4 minuta.
- Hiqeni nga zjarri dhe ftohni përzierjen. Mbushni kungujt me këtë përzierje. Lidheni çdo kungull me fije për të parandaluar që mbushja të bjerë gjatë gatimit.
- Ngrohni vajin për tiganisje në një tigan. Shtoni kungujt e mbushur. Skuqini në nxehtësi mesatare deri në kafe të artë dhe krokante, duke e kthyer shpesh.
- Hiqni pagurt e hidhur dhe hidhni fijet. Shërbejeni të nxehtë.

Lakra Kofta Curry

(Pupla me lakër në salcë)

për 4 persona

Përbërësit

1 lakër e madhe, e grirë

250 g / 9 oz besane*

Shtoni kripë për shije

Vaj vegjetal i pastruar për tiganisje

2 lugë gjelle gjethe koriandër për dekorim

Për salcën:

3 lugë vaj vegjetal të pastruar

3 gjethe dafine

1 kardamom i zi

1 cm kanellë

1 dhëmb

1 qepë e madhe

i grirë imët

2,5 cm / 1 inç rrënjë xhenxhefili, e zbehur

3 domate, të grira hollë

1 lugë çaji koriandër të bluar

1 lugë çaji qimnon i bluar

Shtoni kripë për shije

250 ml / 8 ml oz ujë

Metoda

- Ziejmë lakrën, besanin dhe kripën derisa të përftojmë një brumë të butë. Ndani brumin në topa me madhësi arre.
- Ngrohni vajin në një tigan. Shtoni topat. I skuqim në zjarr mesatar deri në kafe të artë. Kullojini dhe lërini mënjanë.
- Për salcën, ngrohni vajin në një tenxhere. Shtoni gjethet e dafinës, kardamonin, kanellën dhe karafilin. I lëmë të ziejnë për 30 sekonda.
- Shtoni qepën dhe xhenxhefilin. E skuqim këtë përzierje në zjarr mesatar derisa qepa të bëhet transparente.
- Shtoni domatet, korianderin e bluar dhe qimnonin. Përziejini mirë. Piqeni për 2-3 minuta.
- Shtoni kripë dhe ujë. Përziejini për një moment. Mbulojeni me kapak dhe ziejini në zjarr të ulët për 5 minuta.
- Hapeni tiganin dhe shtoni topthat e koftes. Ziejini për 5 minuta të tjera, duke i përzier herë pas here.
- Dekoroni me gjethe koriandër. Shërbejeni të nxehtë.

ananasi gojju

(komposto pikante ananasi)

për 4 persona

Përbërësit

3 lugë vaj vegjetal të pastruar

250 ml / 8 ml oz ujë

1 lugë fara sinapi

6 gjethe kerri, të prera

një majë asafetida

½ lugë shafran i Indisë

Shtoni kripë për shije

400 g / 14 oz ananas të copëtuar

Për përzierjen e erëzave:

4 lugë arrë kokosi të freskët të grirë

3 djegës të gjelbër

2 djegës të kuq

½ lugë fara kopër

½ lugë fara fenugreek

1 lugë çaji fara qimnoni

2 lugë fara koriandër

1 tufë e vogël me gjethe koriandër

1 dhëmb

2-3 speca

Metoda

- Përziejini të gjithë përbërësit e përzierjes së erëzave.
- Ngrohni 1 lugë vaj në një tigan. Shtoni përzierjen e erëzave. Skuqini në nxehtësi mesatare për 1-2 minuta, duke e përzier shpesh. Hiqeni nga zjarri dhe bëni pure gjysmën e ujit derisa të përftoni një pastë të lëmuar. Le menjane.
- Ngrohni vajin e mbetur në një tigan. Shtoni farat e mustardës dhe gjethet e kerit. Lërini të ziejnë për 15 sekonda.
- Shtoni asafetida, shafran i Indisë dhe kripë. Piqni për një kohë.
- Shtoni ananasin, pastën e përzierjes së erëzave dhe pjesën tjetër të ujit. Përziejini mirë. Mbulojeni me kapak dhe ziejini në zjarr të ulët për 8-12 minuta. Shërbejeni të nxehtë.

pagur e hidhur gojju

(pure me erëza të pagurit të hidhur)

për 4 persona

Përbërësit

Shtoni kripë për shije

4 pagura të mëdha të hidhura*, i qëruar, i prerë për së gjati, i prerë me fara dhe i prerë në feta

6 lugë vaj vegjetal të pastruar

1 lugë fara sinapi

8-10 gjethe kerri

1 qepë e madhe, e grirë

3-4 thelpinj hudhre, te grira

2 lugë çaji pluhur djegës

1 lugë çaji qimnon i bluar

½ lugë shafran i Indisë

1 lugë çaji koriandër të bluar

2 lugë çaji pluhur sambhar*

2 lugë çaji kokos të freskët, të grirë në rende

1 lugë fara fenugreek, të pjekura të thata dhe të bluara

2 lugë çaji fara susami të bardhë, të pjekura të thata dhe të bluara

2 lugë sheqer kaf*, i shkrirë

½ lugë pastë tamarindi

250 ml / 8 ml oz ujë

një majë asafetida

Metoda

- Fërkoni me kripë fetat e kungujve. I vendosim në një tas dhe i mbulojmë me letër alumini. Lëreni të qëndrojë për 30 minuta. Shtrydh lagështinë e tepërt.
- Ngrohni gjysmën e vajit në një tigan. Shtoni pagurin e hidhur. I skuqim në zjarr mesatar deri në kafe të artë. Le menjane.
- Ngrohni pjesën tjetër të vajit në një tigan tjetër. Shtoni farat e mustardës dhe gjethet e kerit. Lërini të ziejnë për 15 sekonda.
- Shtoni qepën dhe hudhrën. E skuqim këtë përzierje në zjarr mesatar derisa qepa të marrë ngjyrë kafe të artë.
- Shtoni pluhur djegës, qimnon të bluar, shafran të Indisë, koriandër të bluar, pluhur sambhar dhe kokos. Piqeni për 2-3 minuta.
- Shtoni pjesën tjetër të përbërësve përveç ujit dhe asafetidës. Piqni për një minutë tjetër.
- Shtoni pagurt e hidhur të skuqur, pak kripë dhe ujë. Përziejini mirë. Mbulojeni me kapak dhe ziejini në zjarr të ulët për 12-15 minuta.
- Shtoni asafetida. Përziejini mirë. Shërbejeni të nxehtë.

Baingan Mirchi ka Salan

(Patëllxhan dhe Kili)

për 4 persona

Përbërësit

6 speca jeshil të plotë

4 lugë vaj vegjetal të pastruar

600 g / 1 lb 5 oz patëllxhanë të vegjël, të prera në katër pjesë

4 djegës të gjelbër

1 lugë çaji fara susami

10 arra shqeme

20-25 kikirikë

5 kokrra piper te zi

¼ lugë çaji fara fenugreek

¼ lugë çaji fara mustardë

1 lugë pastë xhenxhefili

1 lugë çaji pastë hudhre

1 lugë çaji koriandër të bluar

1 lugë çaji qimnon i bluar

½ lugë shafran i Indisë

125 g / 4½ oz kos

2 lugë pastë tamarindi

3 speca djegës të kuq të plotë

Shtoni kripë për shije

1 litër / 1¾ litër ujë

Metoda

- Hiqni farat dhe specat jeshil i prisni në shirita të gjatë.
- Ngrohni 1 lugë vaj në një tigan. Shtoni specat jeshil dhe ziejini në zjarr mesatar për 1-2 minuta. Le menjane.
- Ngrohni 2 lugë vaj në një tigan tjetër. Shtoni patëllxhanin dhe djegësin jeshil. Skuqini në nxehtësi mesatare për 2-3 minuta. Le menjane.
- Ngrohni një tigan dhe thajini farat e susamit, arrat shqeme, kikirikët dhe piperin në nxehtësi mesatare për 1-2 minuta. E largojmë masën nga zjarri dhe e presim masën në copa të mëdha.
- Ngrohni vajin e mbetur në një tigan. Shtoni farat e fenugreek, farat e mustardës, pastën e xhenxhefilit, pastën e hudhrës, korianderin e bluar, qimnonin e bluar, shafranin e Indisë dhe farat e susamit dhe përzierjen e shqemeve. Skuqini në nxehtësi mesatare për 2-3 minuta.
- Shtoni specat jeshil të skuqur, patëllxhanët e skuqur dhe përbërës të tjerë. Gatuani në zjarr të ulët për 10-12 minuta.
- Shërbejeni të nxehtë.

Pulë me perime

për 4 persona

Përbërësit

750g/1lb 10oz pulë, e prerë në 8 pjesë

50 g / 1¾oz spinaq i grirë hollë

25 g / pak 1 oz gjethe fenugreku të freskëta, të copëtuara

100 g / 3½ oz gjethe koriandër, të copëtuara

50 g / 1¾oz gjethe nenexhiku, të copëtuara

6 djegës të gjelbër, të grirë hollë

120 ml / 4 ml vaj vegjetal të pastruar

2-3 qepë të mëdha, të prera hollë

Shtoni kripë për shije

Metoda

- Përziejini të gjithë përbërësit e marinadës. Marinojeni pulën me këtë përzierje për një orë.
- Grini spinaqin, gjethet e fenugrekut, gjethet e koriandrit dhe gjethet e nenexhikut me specat e gjelbër derisa të përftoni një pastë të butë. Përzieni këtë pastë me pulën e marinuar. Le menjane.
- Ngrohni vajin në një tigan. Shtoni qepët. I skuqim në zjarr mesatar deri në kafe të artë.

- Shtoni përzierjen e pulës dhe kripën. Përziejini mirë. Mbulojeni me kapak dhe ziejini për 40 minuta duke e përzier herë pas here. Shërbejeni të nxehtë.

Për marinadën:

1 lugë gjelle garam masala

1 lugë çaji koriandër të bluar

1 lugë çaji qimnon i bluar

200 g / 7 oz kos

¼ lugë çaji shafran i Indisë

1 lugë çaji djegës pluhur

1 lugë pastë xhenxhefili

1 lugë çaji pastë hudhre

Pulë Tikka Masala

për 4 persona

Përbërësit

200 g / 7 oz kos

½ lugë gjelle pastë xhenxhefili

½ lugë gjelle pastë hudhre

Një prekje e ngjyrosjes së ushqimit portokalli

2 lugë vaj vegjetal të rafinuar

500 g / 1 lb 2 oz pulë pa kocka, e prerë në copa të vogla

1 lugë gjelle gjalpë

6 domate të grira hollë

2 qepë të mëdha

½ lugë pastë xhenxhefili

½ lugë pastë hudhre

½ lugë shafran i Indisë

1 lugë gjelle garam masala

1 lugë çaji djegës pluhur

Shtoni kripë për shije

1 lugë gjelle gjethe koriandër të copëtuara

Metoda

- Për shigjetën, përzieni kosin, pastën e xhenxhefilit, pastën e hudhrës, ngjyrën ushqimore dhe 1 lugë gjelle vaj. Marinojeni pulën në këtë përzierje për 5 orë.
- Piqeni pulën e marinuar në skarë për 10 minuta. Le menjane.
- Ngrohni gjalpin në një tenxhere. Shtoni domatet. I skuqim në zjarr mesatar për 3-4 minuta. Hiqeni nga zjarri dhe përzieni derisa të përftoni një pastë të butë. Le menjane.
- Grini qepën derisa të merrni një pastë të butë.
- Ngrohni vajin e mbetur në një tigan. Shtoni pastën e qepëve. Skuqini në nxehtësi mesatare deri në kafe të artë.

- Shtoni pastën e xhenxhefilit dhe pastën e hudhrës. Piqni për një kohë.
- Shtoni shafranin e Indisë, garam masala, pluhur djegës dhe pure domate. Përziejini mirë. Përziejeni përzierjen për 3-4 minuta.
- Shtoni kripë dhe pulën e pjekur në skarë. Përziejini butësisht derisa salca të mbulojë pulën.
- Dekoroni me gjethe koriandër. Shërbejeni të nxehtë.

Pulë e mbushur pikante në një salcë të pasur

për 4 persona

Përbërësit

½ lugë spec djegës pluhur

½ lugë gjelle garam masala

4 lugë çaji pastë xhenxhefili

4 lugë çaji pastë hudhre

Shtoni kripë për shije

8 gjoks pule të sheshtë

4 qepë të mëdha, të grira

5 cm / 1 inç xhenxhefil, i copëtuar

5 speca djegës të gjelbër, të grirë hollë

200 g / 7 oz khoya*

2 lugë gjelle lëng limoni

50 g / 1¾oz gjethe koriandër, të copëtuara

15 arra shqeme

5 lugë çaji kokosi të tharë

30 g / 1 oz bajame të grira

1 lugë çaji shafran të njomur në 1 lugë qumësht

150 g / 5½ oz ghee

200 g / 7 oz kos, i rrahur

Metoda

- Përzieni pluhurin e djegës, garam masala, gjysmën e pastës së xhenxhefilit, gjysmën e pastës së hudhrës dhe pak kripë. Marinoni gjoksin e pulës në këtë përzierje për 2 orë.
- Përzieni gjysmën e qepës me xhenxhefilin e bluar, specin djegës jeshil, khojen, lëngun e limonit, kripën dhe gjysmën e gjetheve të koriandërit. Ndani këtë përzierje në 8 pjesë të barabarta.
- Vendoseni secilën pjesë në skajin e ngushtë të çdo gjoksi pule dhe rrotullojeni nga brenda për të mbyllur gjoksin. Le menjane.
- Ngrohni furrën në 200°C (400°F, shenja e gazit 6). Vendosini gjokset e mbushura të pulës në një tepsi të lyer me yndyrë dhe grijini për 15-20 minuta derisa të marrin ngjyrë kafe të artë. Le menjane.
- Grini arrat shqeme dhe kokosin në një pastë të lëmuar. Le menjane.
- Thithni bajamet në përzierjen e qumështit të shafranit. Le menjane.
- Ngroheni ghee në një tigan. Shtoni pjesën tjetër të qepëve. I skuqim në zjarr mesatar derisa të bëhen të tejdukshme. Shtoni pastën e mbetur të xhenxhefilit dhe pastën e hudhrës. Skuqni përzierjen për një minutë.
- Shtoni pastën e kokosit me shqeme. Piqni për një kohë. Shtoni kosin dhe gjoksin e pulës të pjekur në skarë. Përziejini mirë. Ziejini në zjarr të ulët për 5-6 minuta, duke e përzier shpesh. Shtoni përzierjen e bajames dhe

shafranit. Përziejini butësisht. Gatuani në zjarr të ulët për 5 minuta.

- Dekoroni me gjethe koriandër. Shërbejeni të nxehtë.

masala pule pikante

për 4 persona

Përbërësit

6 speca djegës të kuq të thatë të plotë

2 lugë fara koriandër

6 bishtaja kardamom jeshile

6 dhëmbë

5 cm / 2 inç kanellë

2 lugë fara kopër

½ lugë piper i zi

120 ml / 4 ml vaj vegjetal të pastruar

2 qepë të mëdha, të prera në feta

1 cm / ½ inç rrënjë xhenxhefili, e grirë

8 thelpinj hudhre, te grira

2 domate të mëdha, të grira hollë

3-4 gjethe dafine

1 kg / 2¼ lb pule, e prerë në 12 copa

½ lugë shafran i Indisë

Shtoni kripë për shije

500 ml / 16 ml ujë

100 g / 3½ oz gjethe koriandër, të copëtuara

Metoda

- Përzieni specin djegës të kuq, farat e koriandrit, kardamonin, karafilin, kanellën, farat e koprës dhe kokrrat e piperit.
- Pjekeni përzierjen në tharje dhe bluajeni në pluhur. Le menjane.
- Ngrohni vajin në një tigan. Shtoni qepët. I skuqim në zjarr mesatar deri në kafe të artë.
- Shtoni xhenxhefil dhe hudhër. Piqni për një kohë.
- Shtoni domatet, gjethet e dafinës dhe pluhurin e farës së koriandrit dhe djegësin e kuq të grimcuar. Vazhdoni skuqjen për 2-3 minuta.
- Shtoni pulën, shafranin e Indisë, kripën dhe ujin. Përziejini mirë. Mbulojeni me kapak dhe ziejini për 40 minuta duke e përzier herë pas here.
- E zbukurojmë pulën me gjethe koriandër. Shërbejeni të nxehtë.

pulë lesh kashmiri

për 4 persona

Përbërësit

2 lugë uthull malti

2 lugë thekon djegës

2 lugë fara sinapi

2 lugë fara qimnoni

½ lugë piper i zi

7,5 cm / 3 inç kanellë

10 dhëmbë

75 g / 2½ oz ghee

1 kg / 2¼ lb pule, e prerë në 12 copa

1 lugë gjelle vaj vegjetal të pastruar

4 gjethe dafine

4 qepë mesatare, të grira

1 lugë gjelle pastë xhenxhefili

1 lugë gjelle pastë hudhre

3 domate, të grira hollë

1 lugë çaji shafran i Indisë

500 ml / 16 ml ujë

Shtoni kripë për shije

20 arra shqeme, të bluara

6 fije shafrani të njomur në lëngun e 1 limoni

Metoda

- Përzieni uthullën e maltit me thekon djegës, farat e mustardës, qimnonin, piperin, kanellën dhe karafilin. Grijeni këtë përzierje derisa të përftoni një pastë të lëmuar. Le menjane.
- Ngroheni ghee në një tigan. Shtoni copat e pulës dhe skuqini në zjarr mesatar deri në kafe të artë. Kullojeni dhe lëreni mënjanë.
- Ngrohni vajin në një tigan. Shtoni gjethet e dafinës dhe qepët. E skuqim këtë përzierje në zjarr mesatar derisa qepët të marrin ngjyrë kafe të artë.
- Shtoni pastë uthull. Përziejini mirë dhe ziejini në zjarr të ulët për 7-8 minuta.
- Shtoni pastën e xhenxhefilit dhe pastën e hudhrës. Skuqeni këtë përzierje për një minutë.
- Shtoni domatet dhe shafranin e Indisë. Përziejini mirë dhe ziejini në zjarr mesatar për 2-3 minuta.
- Shtoni pulën e skuqur, ujin dhe kripën. Përziejini mirë që të lyhet pula. Mbulojeni me kapak dhe ziejini për 30 minuta duke e përzier herë pas here.
- Shtoni arrat shqeme dhe shafranin. Vazhdoni gatimin në zjarr të ulët për 5 minuta. Shërbejeni të nxehtë.

Rum dhe pulë

për 4 persona

Përbërësit

1 lugë gjelle garam masala

1 lugë çaji djegës pluhur

1 kg / 2¼ lb pule, e prerë në 8 pjesë

6 thelpinj hudhre

4 kokrra piper te zi

4 dhëmbë

½ lugë fara qimnoni

2,5 cm / 1 inç kanellë

50 g / 1¾oz arrë kokosi të freskët të grirë

4 bajame

1 pod kardamom jeshil

1 lugë fara koriandër

300 ml / 10 ml ujë

75 g / 2½ oz ghee

3 qepë të mëdha, të grira

Shtoni kripë për shije

½ lugë çaji shafran

120 ml / 4 floz rum të errët

1 lugë gjelle gjethe koriandër të copëtuara

Metoda

- Përzieni garam masala dhe pluhur djegës. Marinojeni pulën në këtë përzierje për 2 orë.
- Hudhra të pjekura të thata, speca, karafil, fara qimnoni, kanellë, kokosi, bajame, kardamom dhe fara koriandër.
- Grini me 60 ml ujë në një pastë të lëmuar. Le menjane.
- Ngroheni ghee në një tigan. Shtoni qepët dhe skuqini në zjarr mesatar derisa të jenë të tejdukshme.
- Shtoni pastë hudhër-spec. Përziejini mirë. Skuqni përzierjen për 3-4 minuta.
- Shtoni pulën e marinuar dhe kripën. Përziejini mirë. Vazhdoni skuqjen për 3-4 minuta, duke e përzier herë pas here.
- Shtoni 240 ml ujë. Përziejini butësisht. Mbulojeni me kapak dhe ziejini për 40 minuta duke e përzier herë pas here.
- Shtoni shafranin dhe rumin. Përziejini mirë dhe vazhdoni zierjen në zjarr të ulët për 10 minuta.
- Dekoroni me gjethe koriandër. Shërbejeni të nxehtë.

Pulë Shahjahani

(Pulë në salcë pikante)

për 4 persona

Përbërësit

5 lugë vaj vegjetal të pastruar

2 gjethe dafine

5 cm / 2 inç kanellë

6 bishtaja kardamom jeshile

½ lugë fara qimnoni

8 dhëmbë

3 qepë të mëdha, të grira

1 lugë çaji shafran i Indisë

1 lugë çaji djegës pluhur

1 lugë pastë xhenxhefili

1 lugë çaji pastë hudhre

Shtoni kripë për shije

75 g arra shqeme, të bluara

150 g / 5½ oz kos, i rrahur

1 kg / 2¼ lb pule, e prerë në 8 pjesë

2 lugë krem

¼ lugë çaji kardamom i zi i bluar

10 g / ¼ oz gjethe koriandër, të copëtuara

Metoda

- Ngrohni vajin në një tigan. Shtoni gjethet e dafinës, kanellën, kardamonin, farat e qimnonit dhe karafilin. Lërini të ziejnë për 15 sekonda.
- Shtoni qepët, shafranin e Indisë dhe pluhurin djegës. Skuqeni përzierjen në nxehtësi mesatare për 1-2 minuta.
- Shtoni pastën e xhenxhefilit dhe pastën e hudhrës. Skuqini për 2-3 minuta duke e përzier gjatë gjithë kohës.
- Shtoni kripë dhe arra shqeme të bluara. Përziejini mirë dhe skuqeni për një minutë tjetër.
- Shtoni kosin dhe pulën. Përziejini butësisht derisa masa të mbulojë copat e pulës.
- Mbulojeni me kapak dhe gatuajeni përzierjen në zjarr të ulët për 40 minuta, duke e përzier herë pas here.
- Hapeni tiganin dhe shtoni kremin dhe kardamomin e bluar. Përziejini butësisht për 5 minuta.
- E zbukurojmë pulën me gjethe koriandër. Shërbejeni të nxehtë.

Pulë e Pashkëve

për 4 persona

Përbërësit

1 lugë çaji lëng limoni

1 lugë pastë xhenxhefili

1 lugë çaji pastë hudhre

Shtoni kripë për shije

1 kg / 2¼ lb pule, e prerë në 8 pjesë

2 lugë fara koriandër

12 thelpinj hudhre

2,5 cm / 1 inç rrënjë xhenxhefili

1 lugë çaji fara qimnoni

8 speca djegës të kuq

4 dhëmbë

2,5 cm / 1 inç kanellë

1 lugë çaji shafran i Indisë

1 litër / 1¾ litër ujë

4 lugë vaj vegjetal të pastruar

3 qepë të mëdha, të grira

4 djegës të gjelbër të prerë për së gjati

3 domate, të grira hollë

1 lugë pastë tamarindi

2 patate të mëdha, të prera në katër pjesë

Metoda

- Përzieni lëngun e limonit, pastën e xhenxhefilit, pastën e hudhrës dhe kripën. Marinojini copat e pulës në këtë përzierje për 2 orë.
- Përzieni farat e koriandrit, hudhrën, xhenxhefilin, farat e qimnonit, djegësin e kuq, karafilin, kanellën dhe shafranin e Indisë.
- Grijeni këtë përzierje me gjysmën e ujit derisa të përftoni një pastë të lëmuar. Le menjane.
- Ngrohni vajin në një tigan. Shtoni qepët. I skuqim në zjarr mesatar derisa të bëhen të tejdukshme.
- Shtoni specin djegës të gjelbër dhe farat e korianderit-pastë hudhër. E skuqim këtë përzierje për 3-4 minuta.
- Shtoni domatet dhe pastën e tamarindës. Vazhdoni skuqjen për 2-3 minuta.
- Shtoni pulën e marinuar, patatet dhe pjesën tjetër të ujit. Përziejini mirë. Mbulojeni me kapak dhe ziejini për 40 minuta duke e përzier herë pas here.
- Shërbejeni të nxehtë.

Rosë pikante me patate

për 4 persona

Përbërësit

1 lugë çaji koriandër të bluar

2 lugë çaji pluhur djegës

¼ lugë çaji shafran i Indisë

5 cm / 2 inç kanellë

6 dhëmbë

4 bishtaja kardamom jeshile

1 lugë fara kopër

60 ml / 2 ml vaj vegjetal të pastruar

4 qepë të mëdha, të prera hollë

5 cm / 2 inç xhenxhefil, i grirë

8 thelpinj hudhre

6 djegës të gjelbër të prerë për së gjati

3 patate të mëdha, të prera në katër pjesë

1 kg / 2¼ paund rosë, e prerë në 8-10 copa

2 lugë çaji uthull malti

750 ml / 1¼ linte qumësht kokosi

Shtoni kripë për shije

1 lugë çaji ghee

1 lugë fara sinapi

2 qepe, të prera në feta

8 gjethe kerri

Metoda

- Përzieni korianderin, pluhurin djegës, shafranin e Indisë, kanellën, karafilin, kardamonin dhe farat e koprës. Grijeni këtë përzierje në pluhur. Le menjane.
- Ngrohni vajin në një tigan. Shtoni qepën, xhenxhefilin, hudhrën dhe djegësin jeshil. Skuqini në nxehtësi mesatare për 2-3 minuta.
- Shtoni pluhurin e përzierjes së erëzave. Piqeni për 2 minuta.
- Shtoni patatet. Vazhdoni skuqjen për 3-4 minuta.
- Shtoni rosë, uthull malt, qumësht kokosi dhe kripë. Përziejini për 5 minuta. Mbulojeni me kapak dhe gatuajeni përzierjen në zjarr të ulët për 40 minuta, duke e përzier herë pas here. Kur rosa të jetë gatuar, hiqeni nga zjarri dhe lëreni mënjanë.
- Ngroheni ghee në një tenxhere të vogël. Shtoni farat e mustardës, qepujt dhe gjethet e kerit. Skuqini në zjarr të lartë për 30 sekonda.
- Hidheni këtë mbi rosën. Përziejini mirë. Shërbejeni të nxehtë.

moile rosë

(Karri i thjeshtë i rosës)

për 4 persona

Përbërësit

1 kg rosë e prerë në 12 pjesë

Shtoni kripë për shije

1 lugë gjelle koriandër të bluar

1 lugë çaji qimnon i bluar

6 kokrra piper te zi

4 dhëmbë

2 bishtaja kardamom jeshile

2,5 cm / 1 inç kanellë

120 ml / 4 ml vaj vegjetal të pastruar

3 qepë të mëdha, të grira

5 cm / 2 inç xhenxhefil, i prerë imët

3 speca djegës të gjelbër, të grirë hollë

½ lugë çaji sheqer

2 lugë uthull malti

360 ml / 12 ml ujë

Metoda

- Marinojini copat e rosës me kripë për një orë.
- Përziejini me koriandër të bluar, qimnon të bluar, kokrrat e piperit, karafilin, kardamonin dhe kanellën. E skuqim këtë përzierje në një tigan në nxehtësi mesatare për 1-2 minuta.
- Hiqeni nga zjarri dhe bluajeni në një pluhur të imët. Le menjane.
- Ngrohni vajin në një tigan. Shtoni copat e marinuara të rosës. I skuqim në zjarr mesatar deri në kafe të artë. Kthejini herë pas here që të mos digjen. Kullojeni dhe lëreni mënjanë.
- Ngrohni të njëjtin vaj dhe shtoni qepët. I skuqim në zjarr mesatar deri në kafe të artë.
- Shtoni xhenxhefil dhe djegës jeshil. Vazhdoni skuqjen për 1-2 minuta.
- Shtoni sheqerin, uthullën e maltit dhe pluhurin e koriandër-kuminit. Përziejini për 2-3 minuta.
- Shtoni copat e rosës së skuqur me ujë. Përziejini mirë. Mbulojeni me kapak dhe ziejini për 40 minuta duke e përzier herë pas here.
- Shërbejeni të nxehtë.

Bharwa Murgh Kaju

(Pulë e mbushur me arra shqeme)

  për 4 persona

Përbërësit

  3 lugë çaji pastë xhenxhefili

  3 lugë çaji pastë hudhre

  10 shqeme, të bluara

  1 lugë çaji djegës pluhur

  1 lugë gjelle garam masala

  Shtoni kripë për shije

  8 gjoks pule të sheshtë

  4 qepë të mëdha, të grira

  200 g / 7 oz khoya*

  6 djegës të gjelbër, të grirë hollë

  25 g / pak 1 oz gjethe nenexhiku, të copëtuara

  25 g / pak 1 oz gjethe koriandër, të copëtuara

  2 lugë gjelle lëng limoni

  75 g / 2½ oz ghee

  75 g arra shqeme, të bluara

400 g / 14 oz kos, i rrahur

2 lugë gjelle garam masala

2 lugë çaji shafran, të njomur në 2 lugë qumësht të ngrohtë

Shtoni kripë për shije

Metoda

- Përzieni gjysmën e pastës së xhenxhefilit dhe gjysmën e pastës së hudhrës me shqeme të bluara, pluhur djegës, garam masala dhe pak kripë.
- Marinoni gjoksin e pulës në këtë përzierje për 30 minuta.
- Përzieni gjysmën e qepës me khoya, specin djegës jeshil, gjethet e nenexhikut, gjethet e koriandrit dhe lëngun e limonit. Ndani këtë përzierje në 8 pjesë të barabarta.
- Përhapeni gjoksin e marinuar të pulës. Spërkatni pak nga përzierja e qepës-khoya sipër. Mbështilleni si një mbështjellje.

- Përsëriteni këtë për gjokset e tjera të pulës.
- Lyejeni enën e pjekjes me yndyrë dhe vendosni gjokset e pulës të mbushura brenda, me majat e lirshme të kthyera nga poshtë.
- E pjekim pulën në furrë të 200°C për 20 minuta. Le menjane.
- Ngroheni ghee në një tigan. Shtoni pjesën tjetër të qepëve. I skuqim në zjarr mesatar derisa të bëhen të tejdukshme.

- Shtoni pastën e mbetur të xhenxhefilit dhe pastën e hudhrës. Skuqni përzierjen për 1-2 minuta.
- Shtoni arra shqeme të bluara, kos dhe garam masala. Përziejini për 1-2 minuta.
- Shtoni rrotullat e pulës së pjekur, përzierjen e shafranit dhe pak kripë. Përziejini mirë. Mbulojeni me kapak dhe ziejini në zjarr të ulët për 15-20 minuta. Shërbejeni të nxehtë.

Sallatë pule me kos

për 4 persona

Përbërësit

1 kg / 2¼ lb pule, e prerë në 12 copa

7.5 cm / 3 in xhenxhefil, i grirë

10 thelpinj hudhre, te grira

½ lugë spec djegës pluhur

½ lugë gjelle garam masala

½ lugë shafran i Indisë

2 djegës të gjelbër

Shtoni kripë për shije

200 g / 7 oz kos

½ lugë fara qimnoni

1 lugë fara koriandër

4 dhëmbë

4 kokrra piper te zi

2,5 cm / 1 inç kanellë

4 bishtaja kardamom jeshile

6-8 bajame

5 lugë ghee

4 qepë mesatare, të grira

250 ml / 8 ml oz ujë

1 lugë gjelle gjethe koriandër të copëtuara

Metoda

- Pritini copat e pulës me një pirun. Le menjane.
- Përzieni gjysmën e xhenxhefilit dhe hudhrës me pluhur djegës, garam masala, shafran i Indisë, djegës jeshil dhe kripë. Grijeni këtë përzierje derisa të përftoni një pastë të lëmuar. Rrihni pastën me kos.
- Marinojeni pulën në këtë përzierje për 4-5 orë. Le menjane.
- Ngrohni tenxheren. Farat e thara të qimnonit të pjekur, farat e koriandërit, karafil, piper, kanellë, kardamom dhe bajame. Le menjane.

- Ngrohni 4 lugë ghee në një tenxhere të rëndë. Shtoni qepët. I skuqim në zjarr mesatar derisa të bëhen të tejdukshme.
- Shtoni xhenxhefilin dhe hudhrën e mbetur. Skuqini për 1-2 minuta.
- Hiqeni nga zjarri dhe grijeni këtë përzierje me përzierjen e qimnonit të pjekur të thatë dhe koriandrit në një pastë të lëmuar.

- Ngrohni ghein e mbetur në një tigan. Shtoni makaronat dhe skuqini në zjarr mesatar për 2-3 minuta.
- Shtoni pulën e marinuar dhe skuqeni për 3-4 minuta të tjera.
- Shtoni ujë. Përziejini butësisht për një minutë. Mbulojeni me kapak dhe ziejini për 30 minuta duke e përzier herë pas here.
- E zbukurojmë me gjethe koriandër dhe e shërbejmë të nxehtë.

Pulë Dhansak

(Parsi i gatuar me pulë)

për 4 persona

Përbërësit

75 g / 2½ oz Toor dhal*

75 g / 2½ oz mung dhal*

75 g / 2½ oz masoor dhal*

75 g / 2½ oz chana dhal*

1 patëllxhan i vogël, i grirë

25 g / i pakët 1 oz kungull, i copëtuar

Shtoni kripë për shije

1 litër / 1¾ litër ujë

8 kokrra piper te zi

6 dhëmbë

2,5 cm / 1 inç kanellë

një prekje pushi

2 gjethe dafine

1 anise yll

3 speca djegës të kuq të tharë

2 lugë vaj vegjetal të rafinuar

50 g / 1¾oz gjethe koriandër, të copëtuara

50 g / 1¾oz gjethe të freskëta fenugreku, të copëtuara

50 g / 1¾oz gjethe nenexhiku, të copëtuara

750 g / 1 lb 10 oz pulë pa kocka të prera në 12 copa

1 lugë çaji shafran i Indisë

¼ lugë çaji arrëmyshk i grirë

1 lugë gjelle pastë hudhre

1 lugë gjelle pastë xhenxhefili

1 lugë gjelle pastë tamarindi

Metoda

- Dhallat i përziejmë me patëllxhanin, kungullin, kripën dhe gjysmën e ujit. Gatuani këtë përzierje në një tenxhere mbi nxehtësinë mesatare për 45 minuta.
- Hiqeni nga zjarri dhe përzieni këtë përzierje derisa të përftoni një pastë të lëmuar. Le menjane.
- Përzieni kokrrat e piperit, karafilin, kanellën, topuzin, gjethet e dafinës, anise yll dhe djegësin e kuq. Skuqeni përzierjen në nxehtësi mesatare për 2-3 minuta. Hiqeni nga zjarri dhe bluajeni në një pluhur të imët. Le menjane.
- Ngrohni vajin në një tigan. Shtoni koriandër, fenugreek dhe gjethe nenexhiku. I skuqim në zjarr mesatar për 1-2 minuta. E heqim nga zjarri dhe e bluajmë derisa të përftohet një pastë. Le menjane.
- Përzieni pulën me shafranin e Indisë, arrëmyshk, pastën e hudhrës, pastën e xhenxhefilit, pastën dhal

dhe ujin e mbetur. Gatuani këtë përzierje në një tenxhere mbi nxehtësinë mesatare për 30 minuta, duke e përzier herë pas here.

- Shtoni pastën e koriandrit, fenugreek dhe gjethet e nenexhikut. Gatuani për 2-3 minuta.
- Shtoni piper pluhur për thonjtë dhe pastën e tamarindës. Përziejini mirë. Përziejeni përzierjen në zjarr të ulët për 8-10 minuta.
- Shërbejeni të nxehtë.

Pulë Chatpata

(Pulë e zjarrtë)

për 4 persona

Përbërësit

500 g / 1 lb 2 oz pulë pa kocka, e prerë në copa të vogla

2 lugë vaj vegjetal të rafinuar

150 g / 5½ oz lulelakër lulesh

200 g / 7 oz kërpudha, të prera në feta

1 karotë e madhe, e prerë në feta

1 piper i madh jeshil, farat e hequra dhe te grira

Shtoni kripë për shije

½ lugë piper i zi i bluar

10-15 gjethe kerri

5 speca djegës të gjelbër, të grirë hollë

5 cm / 2 inç xhenxhefil, i copëtuar

10 thelpinj hudhre te grira holle

4 lugë gjelle pure domate

4 lugë gjelle gjethe koriandër, të copëtuara

Për marinadën:

125 g / 4½ oz kos

1½ lugë gjelle pastë xhenxhefili

1½ lugë gjelle pastë hudhre

1 lugë çaji djegës pluhur

1 lugë gjelle garam masala

Shtoni kripë për shije

Metoda

- Përziejini të gjithë përbërësit e marinadës.
- Marinojeni pulën në këtë përzierje për 1 orë.
- Ngrohni gjysmë luge vaj në një tigan. Shtoni lulelakrën, kërpudhat, karotën, piperin jeshil, kripën dhe piperin e zi të bluar. Përziejini mirë. Masën e skuqim në zjarr mesatar për 3-4 minuta. Le menjane.
- Ngrohni pjesën tjetër të vajit në një tigan tjetër. Shtoni gjethet e kerit dhe djegësin jeshil. I skuqim në zjarr mesatar për një minutë.
- Shtoni xhenxhefil dhe hudhër. Piqni për një minutë tjetër.
- Shtoni pulën e marinuar dhe perimet e skuqura. Piqeni për 4-5 minuta.
- Shtoni purenë e domates. Përziejini mirë. Mbulojeni me kapak dhe gatuajeni përzierjen në zjarr të ulët për 40 minuta, duke e përzier herë pas here.
- Dekoroni me gjethe koriandër. Shërbejeni të nxehtë.

Duck Masala në qumësht kokosi

për 4 persona

Përbërësit

1 kg rosë e prerë në 12 pjesë

Vaj vegjetal i pastruar për tiganisje

3 patate të mëdha, të prera

750 ml / 1¼ litër ujë

4 lugë vaj kokosi

1 qepë e madhe, e prerë hollë

100 g / 3½ oz qumësht kokosi

Për përzierjen e erëzave:

2 lugë koriandër të bluar

½ lugë shafran i Indisë

1 lugë çaji piper i zi i bluar

¼ lugë çaji fara qimnoni

¼ lugë çaji fara qimnoni të zi

2,5 cm / 1 inç kanellë

9 dhëmbë

2 bishtaja kardamom jeshile

8 thelpinj hudhre

2,5 cm / 1 inç rrënjë xhenxhefili

1 lugë çaji uthull malti

Shtoni kripë për shije

Metoda

- Përziejini së bashku përbërësit e përzierjes së erëzave dhe grijini në një masë të butë.
- Marinoni rosën me këtë pastë për 2-3 orë.
- Ngrohni vajin në një tigan. Shtoni patatet dhe skuqini në zjarr mesatar deri në kafe të artë. Kullojeni dhe lëreni mënjanë.
- Ngrohni ujin në një tenxhere. Shtoni copat e marinuara të rosës dhe gatuajeni për 40 minuta, duke i përzier herë pas here. Le menjane.
- Ngrohni vajin e kokosit në një tigan. Shtoni qepën dhe skuqeni në nxehtësi mesatare deri në kafe të artë.
- Shtoni qumështin e kokosit. Gatuani përzierjen për 2 minuta, duke e përzier shpesh.
- Hiqeni nga zjarri dhe shtoni këtë përzierje në rosë të gatuar. Përziejini mirë dhe ziejini në zjarr të ulët për 5-10 minuta.
- Dekoroni me patate. Shërbejeni të nxehtë.

Pulë Dil Bahar

(pule kremoze)

për 4 persona

Përbërësit

4-5 lugë vaj vegjetal të rafinuar

2 gjethe dafine

5 cm / 2 inç kanellë

3 bishtaja kardamom jeshile

4 dhëmbë

2 qepë të mëdha, të grira

1 lugë pastë xhenxhefili

1 lugë çaji pastë hudhre

2 lugë çaji qimnon të bluar

2 lugë koriandër të bluar

½ lugë shafran i Indisë

4 djegës të gjelbër të prerë për së gjati

750 g / 1 lb 10 oz pulë pa kocka, e prerë në 16 copa

50 g / 1¾oz qepë e grirë, e copëtuar

1 piper i madh jeshil, i grirë holle

1 lugë gjelle garam masala

Shtoni kripë për shije

150 g / 5½ oz pure domate

125 g / 4½ oz kos

250 ml / 8 ml oz ujë

2 lugë gjalpë

85 g / 3 oz shqeme

500 ml / 16 ml oz qumësht i kondensuar

250 ml / 8 ml krem të lëngshëm

1 lugë gjelle gjethe koriandër të copëtuara

Metoda

- Ngrohni vajin në një tigan. Shtoni gjethet e dafinës, kanellën, kardamonin dhe karafilin. I lëmë të ziejnë për 30 sekonda.
- Shtoni qepët, pastën e xhenxhefilit dhe pastën e hudhrës. E skuqim këtë përzierje në zjarr mesatar derisa qepët të marrin ngjyrë kafe të artë.
- Shtoni qimnon të bluar, koriandër të bluar, shafran të Indisë dhe specat e gjelbër. Skuqini përzierjen për 2-3 minuta.
- Shtoni copat e pulës. Përziejini mirë. I pjekim për 5 minuta.
- Shtoni qepët e pranverës, piper jeshil, garam masala dhe kripë. Vazhdoni skuqjen për 3-4 minuta.
- Shtoni purenë e domates, kosin dhe ujin. Përziejini mirë dhe mbulojeni me kapak. Ziejeni përzierjen në

zjarr të ulët për 30 minuta, duke e përzier herë pas here.

- Ndërsa përzierja e pulës është duke u gatuar, ngrohni gjalpin në një tenxhere tjetër. Shtoni arrat shqeme dhe skuqini në nxehtësi mesatare deri në kafe të artë. Le menjane.
- Shtoni qumështin e kondensuar dhe kremin në përzierjen e pulës. Përziejini mirë dhe vazhdoni zierjen në zjarr të ulët për 5 minuta.
- Shtoni gjalpin me shqemet e skuqura dhe përziejini mirë për 2 minuta.
- Dekoroni me gjethe koriandër. Shërbejeni të nxehtë.

Dum ka Murgh

(Pulë e pjekur ngadalë)

për 4 persona

Përbërësit

4 lugë vaj vegjetal të pastruar plus për tiganisje

3 qepë të mëdha, të prera në feta

10 bajame

10 arra shqeme

1 lugë gjelle kokosi të tharë

1 lugë pastë xhenxhefili

1 lugë çaji pastë hudhre

½ lugë shafran i Indisë

1 lugë çaji djegës pluhur

Shtoni kripë për shije

200 g / 7 oz kos

1 kg / 2¼ lb pule, e copëtuar

1 lugë gjelle gjethe koriandër të copëtuara

1 lugë gjelle gjethe menteje të grira

½ lugë çaji shafran

Metoda

- Ngrohni vajin për tiganisje. Shtoni qepët dhe skuqini në nxehtësi mesatare deri në kafe të artë. Kullojeni dhe lëreni mënjanë.
- Përzieni bajamet, arrat shqeme dhe kokosin. Përzierje e skuqur në të thatë. Përzieni mjaft ujë për të formuar një pastë të lëmuar.
- Ngrohni 4 lugë vaj në një tigan. Shtoni pastën e xhenxhefilit, pastën e hudhrës, shafranin e Indisë dhe pluhurin djegës. Skuqini në nxehtësi mesatare për 1-2 minuta.
- Shtoni pastën e bajameve me shqeme, qepët e skuqura, kripën dhe kosin. Gatuani për 4-5 minuta.

- Transferoni në një enë rezistente ndaj nxehtësisë. Shtoni pulën, korianderin dhe gjethet e mentes. Përziejini mirë.
- Spërkateni me shafran. Mbulojeni me letër alumini dhe mbulojeni mirë me kapak. Piqini në furrë të 180°C (350°F, Gas Mark 4) për 40 minuta.
- Shërbejeni të nxehtë.

Murgh Kheema Masala

(Mish i grirë pikant)

për 4 persona

Përbërësit

60 ml / 2 ml vaj vegjetal të pastruar

5 cm / 2 inç kanellë

4 dhëmbë

2 bishtaja kardamom jeshile

½ lugë fara qimnoni

2 qepë të mëdha, të grira

1 lugë çaji koriandër të bluar

½ lugë e grirë qimnon

½ lugë shafran i Indisë

1 lugë çaji djegës pluhur

2 lugë pastë xhenxhefili

3 lugë çaji pastë hudhre

3 domate, të grira hollë

200 g / 7 oz bizele të ngrira

1 kg mish pule të grirë

75 g arra shqeme, të bluara

125 g / 4½ oz kos

250 ml / 8 ml oz ujë

Shtoni kripë për shije

4 lugë krem

25 g / pak 1 oz gjethe koriandër, të copëtuara

Metoda

- Ngrohni vajin në një tigan. Shtoni kanellën, karafilin, kardamonin dhe farat e qimnonit. Lërini të ziejnë për 15 sekonda.
- Shtoni qepët, korianderin e bluar, qimnonin e bluar, shafranin e Indisë dhe pluhurin djegës. Skuqini në nxehtësi mesatare për 1-2 minuta.
- Shtoni pastën e xhenxhefilit dhe pastën e hudhrës. Vazhdoni të skuqeni për një minutë.
- Shtoni domatet, bizelet dhe pulën e grirë. Përziejini mirë. Ziejeni përzierjen në zjarr të ulët për 10-15 minuta, duke e përzier herë pas here.
- Shtoni kosin, ujin dhe kripën. Përziejini mirë. Mbulojeni me kapak dhe ziejini në zjarr të ulët për 20-25 minuta.
- Dekoroni me krem dhe gjethe koriandër. Shërbejeni të nxehtë.

Pulë e mbushur Nawabi

për 4 persona

Përbërësit

200 g / 7 oz kos

2 lugë gjelle lëng limoni

½ lugë shafran i Indisë

Shtoni kripë për shije

1 kg mish pule

100 g / 3½ oz thërrime buke

Për mbushje:

120 ml / 4 ml vaj vegjetal të pastruar

1½ lugë pastë xhenxhefili

1½ lugë pastë hudhre

2 qepë të mëdha, të grira

2 djegës të gjelbër, të grirë hollë

½ lugë spec djegës pluhur

1 kastravec i bluar

1 mëlçi pule të copëtuar

200 g / 7 oz bizele

2 karota, të prera në kubikë

50 g / 1¾oz gjethe koriandër, të copëtuara

2 lugë gjelle gjethe menteje të grira

½ lugë piper i zi i bluar

½ lugë gjelle garam masala

20 arra shqeme, të copëtuara

20 rrush të thatë

Metoda

- Rrihni kosin me lëng limoni, shafran i Indisë dhe kripë. Marinojeni pulën në këtë përzierje për 1-2 orë.
- Për mbushjen, ngrohni vajin në një tigan. Shtoni pastën e xhenxhefilit, hudhrën dhe qepën dhe skuqeni në nxehtësi mesatare për 1-2 minuta.
- Shtoni djegësin jeshil, djegësin pluhur, barkun e pulës dhe mëlçinë e pulës. Përziejini mirë. Piqeni për 3-4 minuta.
- Shtoni bizelet, karotat, gjethet e koriandrit, gjethet e nenexhikut, piperin, garam masala, shqeme dhe rrush të thatë. Përziejini për 2 minuta. Mbulojeni me kapak dhe ziejini për 20 minuta duke e përzier herë pas here.
- Hiqeni nga zjarri dhe lëreni të ftohet.
- Mbusheni këtë përzierje me pulë të marinuar.
- E rrotullojmë pulën e mbushur në thërrime buke dhe e pjekim në furrë të parangrohur në 200°C (400°F, shenja e gazit 6) për 50 minuta.
- Shërbejeni të nxehtë.

Murgh ke Nazare

(Pulë me djathë çedër dhe paneer)

për 4 persona

Përbërësit

Shtoni kripë për shije

½ lugë gjelle pastë xhenxhefili

½ lugë gjelle pastë hudhre

Lëng nga 1 limon

750 g / 1 lb 10 oz copa pule pa kocka, të rrafshuara

75 g / 2½ oz paneer*, i grirë

250 g / 9 oz pulë e bluar

75 g / 2½ oz djathë çedër i grirë

1 lugë çaji koriandër të bluar

½ lugë gjelle garam masala

½ lugë shafran i Indisë

125 g / 4½ oz khoya*

1 lugë çaji djegës pluhur

2 vezë të ziera dhe të grira

3 domate, të grira hollë

2 djegës të gjelbër, të grirë hollë

2 qepë të mëdha, të grira

2 lugë gjelle gjethe koriandër të copëtuara

½ lugë xhenxhefil pluhur

Për salcën:

4 lugë vaj vegjetal të pastruar

½ lugë gjelle pastë xhenxhefili

½ lugë gjelle pastë hudhre

2 qepë të mëdha, të grira

2 djegës të gjelbër, të grirë hollë

½ lugë shafran i Indisë

1 lugë çaji koriandër të bluar

½ lugë piper i bardhë i bluar

½ lugë e grirë qimnon

½ lugë gjelle pluhur xhenxhefili i tharë

200 g / 7 oz kos

4 shqeme, te bluara

4 bajame te bluara

125 g / 4½ oz khoya*

Metoda

- Përzieni kripën, pastën e xhenxhefilit, pastën e hudhrës dhe lëngun e limonit. Marinojeni pulën në këtë përzierje për 1 orë. Le menjane.
- Përzieni pulën e grirë, djathin, korianderin e bluar, garam masala, shafranin e Indisë dhe khoya në paneer.
- Përhapeni këtë përzierje mbi pulën e marinuar. Sipër spërkatni pluhur djegës, vezë, domate, djegës të gjelbër, qepë, gjethe koriandër dhe xhenxhefil pluhur. Rrotulloni pulën si një mbështjellës dhe lidheni fort me fije për ta mbyllur.
- Piqeni në furrë të 200°C (400°F, Gas Mark 6) për 30 minuta. Le menjane.
- Për salcën, ngrohni vajin në një tenxhere. Shtoni pastën e xhenxhefilit, pastën e hudhrës, qepën dhe djegësin jeshil. I skuqim në zjarr mesatar për 2-3 minuta. Shtoni pjesën tjetër të përbërësve të salcës. Gatuani për 7-8 minuta.
- Pritini rolenë e pulës në copa të vogla dhe vendoseni në një pjatë servirjeje. I hedhim salcën. Shërbejeni të nxehtë.

Murgh Pasanda

(Copa pule pikante)

për 4 persona

Përbërësit

1 lugë çaji shafran i Indisë

30g/1oz gjethe koriandër, të copëtuara

1 lugë çaji djegës pluhur

10 g / ¼ oz gjethe nenexhiku, të copëtuara

1 lugë gjelle garam masala

5 cm / 2 inç copë papaja e papërpunuar, e bluar

1 lugë pastë xhenxhefili

1 lugë çaji pastë hudhre

Shtoni kripë për shije

750 g / 1 lb 10 oz gjoks pule, i prerë në feta hollë

6 lugë vaj vegjetal të pastruar

Metoda

- Përziejini të gjithë përbërësit përveç pulës dhe vajit. Marinojini fetat e pulës në këtë përzierje për 3 orë.
- Ngrohni vajin në një tigan. Shtoni fetat e marinuara të pulës dhe ziejini në zjarr mesatar derisa të marrin ngjyrë kafe të artë, duke i kthyer herë pas here. Shërbejeni të nxehtë.

Murgh Masala

(Masalla e pulës)

për 4 persona

Përbërësit

4 lugë vaj vegjetal të pastruar

2 qepë të mëdha, të grira

1 domate e grirë hollë

Shtoni kripë për shije

1 kg / 2¼ lb pule, e prerë në 8 pjesë

360 ml / 12 ml ujë

360 ml / 12 ml qumësht kokosi

Për përzierjen e erëzave:

2 lugë gjelle garam masala

1 lugë çaji fara qimnoni

1½ lugë fara lulekuqe

4 djegës të kuq

½ lugë shafran i Indisë

8 thelpinj hudhre

2,5 cm / 1 inç rrënjë xhenxhefili

Metoda

- Grini përzierjen e erëzave me ujë të mjaftueshëm në një pastë të lëmuar. Le menjane.
- Ngrohni vajin në një tigan. Shtoni qepët dhe skuqini në zjarr mesatar deri në kafe të artë. Shtoni pastën e përzierjes së erëzave dhe skuqeni për 5-6 minuta.
- Shtoni domaten, kripën, pulën dhe ujin. Mbulojeni me kapak dhe ziejini në zjarr të ulët për 20 minuta. Shtoni qumështin e kokosit, përzieni mirë dhe shërbejeni të nxehtë.

Kremi i pulës Bohri

(Pulë në një salcë kremoze)

për 4 persona

Përbërësit

3 qepë të mëdha

2,5 cm / 1 inç rrënjë xhenxhefili

8 thelpinj hudhre

6 djegës të gjelbër

100 g / 3½ oz gjethe koriandër, të copëtuara

3 lugë gjelle gjethe menteje të grira

120 ml / 4 ml ujë

1 kg / 2¼ lb pule, e prerë në 8 pjesë

2 lugë gjelle lëng limoni

1 lugë çaji piper i zi i bluar

250 ml / 8 ml krem të lëngshëm

30 g / 1 oz ghee

Shtoni kripë për shije

Metoda

- Përzieni qepët, xhenxhefilin, hudhrën, specin djegës të gjelbër, gjethet e korianderit dhe gjethet e nenexhikut. Grijeni këtë përzierje me ujë në një pastë të imët.
- Marinojeni pulën me gjysmën e kësaj paste dhe lëng limoni për 1 orë.
- Në tenxhere vendosim pulën e marinuar dhe mbi të hedhim pjesën tjetër të makaronave. Spërkatni pjesën tjetër të përbërësve mbi këtë përzierje.
- Mbulojeni me petë, mbulojeni fort me kapak dhe ziejini për 45 minuta. Shërbejeni të nxehtë.

Jhatpat Murgh

(pulë e shpejtë)

për 4 persona

Përbërësit

4 lugë vaj vegjetal të pastruar

2 qepë të mëdha, të prera hollë

2 lugë pastë xhenxhefili

Shtoni kripë për shije

1 kg / 2¼ lb pule, e prerë në 12 copa

¼ lugë çaji shafran të tretur në 2 lugë qumësht

Metoda

- Ngrohni vajin në një tigan. Shtoni qepët dhe pastën e xhenxhefilit. I skuqim në zjarr mesatar për 2 minuta.
- Shtoni kripë dhe mish pule. Gatuani në zjarr të ulët për 30 minuta, duke e përzier shpesh. Sipër spërkatni përzierjen e shafranit. Shërbejeni të nxehtë.

kerri jeshil pule

për 4 persona

Përbërësit

Shtoni kripë për shije

një majë shafran i Indisë

Lëng nga 1 limon

1 kg / 2¼ lb pule, e prerë në 12 copa

3,5 cm / 1½ inç rrënjë xhenxhefili

8 thelpinj hudhre

100 g / 3½ oz gjethe koriandër, të copëtuara

3 djegës të gjelbër

4 lugë vaj vegjetal të pastruar

2 qepë të mëdha, të grira

½ lugë gjelle garam masala

250 ml / 8 ml oz ujë

Metoda

- Përzieni kripën, shafranin e Indisë dhe lëngun e limonit. Marinojeni pulën në këtë përzierje për 30 minuta.
- Grini xhenxhefilin, hudhrën, gjethet e koriandrit dhe djegësin në një pastë të lëmuar.
- Ngrohni vajin në një tigan. Shtojmë makaronat së bashku me qepën e grirë dhe kaurdisim në zjarr mesatar për 2-3 minuta.
- Shtoni pulën e marinuar, garam masala dhe ujin. Përziejini mirë dhe ziejini në zjarr të ulët për 40 minuta, duke e përzier shpesh. Shërbejeni të nxehtë.

Murgh Bharta

(Zug pule me vezë)

për 4 persona

Përbërësit

4 lugë vaj vegjetal të pastruar

2 qepë të mëdha, të prera hollë

500 g / 1 lb 2oz pulë pa kocka, e prerë në kubikë

1 lugë gjelle garam masala

½ lugë shafran i Indisë

Shtoni kripë për shije

3 domate, të prera hollë

30g/1oz gjethe koriandër, të copëtuara

4 vezë të ziera fort, të prera në gjysmë

Metoda

- Ngrohni vajin në një tigan. Skuqini qepët në nxehtësi mesatare deri në kafe të artë. Shtoni pulën, garam masala, shafranin e Indisë dhe kripën. Piqeni për 5 minuta.
- Shtoni domatet. Përziejini mirë dhe ziejini në zjarr të ulët për 30-40 minuta. Dekoroni me gjethe koriandër dhe një vezë. Shërbejeni të nxehtë.

Pulë me fara ajovani

për 4 persona

Përbërësit

3 lugë vaj vegjetal të pastruar

1½ lugë fara ajovani

2 qepë të mëdha, të grira

1 lugë pastë xhenxhefili

1 lugë çaji pastë hudhre

4 domate, të prera

2 lugë koriandër të bluar

1 lugë çaji djegës pluhur

1 lugë çaji shafran i Indisë

1 kg / 2¼ lb pule, e prerë në 8 pjesë

250 ml / 8 ml oz ujë

Lëng nga 1 limon

1 lugë gjelle garam masala

Shtoni kripë për shije

Metoda

- Ngrohni vajin në një tigan. Shtoni farat e ajovanit. Lërini të ziejnë për 15 sekonda.
- Shtoni qepët dhe skuqini në zjarr mesatar deri në kafe të artë. Shtoni pastën e xhenxhefilit, pastën e hudhrës dhe domatet. Skuqini për 3 minuta, duke e përzier herë pas here.
- Shtoni të gjithë përbërësit e mbetur. Përziejini mirë dhe mbulojeni me kapak. Ziejini për 40 minuta dhe shërbejeni të nxehtë.

Spinaq Pule Tikka

për 4 persona

Përbërësit

1 kg pulë pa kocka, e prerë në 16 pjesë

2 lugë ghee

1 lugë çat masala*

2 lugë gjelle lëng limoni

Për marinadën:

100 g / 3½ oz spinaq, i copëtuar

50 g / 1¾oz gjethe koriandër të bluara

1 lugë pastë xhenxhefili

1 lugë çaji pastë hudhre

200 g / 7 oz kos

1½ lugë garam masala

Metoda

- Përziejini të gjithë përbërësit e marinadës. Marinojeni pulën në këtë përzierje për 2 orë.
- Lyejini pulat me ghee dhe piqini në furrë të 200°C (400°F, Gas Mark 6) për 45 minuta. Sipër spërkatni chaat masala dhe lëng limoni. Shërbejeni të nxehtë.

Pule Yakhni

(Pulë lesh kashmiri)

për 4 persona

Përbërësit

3 lugë vaj vegjetal të pastruar

1 kg / 2¼ lb pule, e prerë në 8 pjesë

400 gr kos

125 g / 4½ oz besane*

2 dhëmbë

2,5 cm / 1 inç kanellë

6 speca

1 lugë çaji xhenxhefil të bluar

2 lugë gjelle kopër të bluar

Shtoni kripë për shije

250 ml / 8 ml oz ujë

50 g / 1¾oz gjethe koriandër, të copëtuara

Metoda

- Ngrohni gjysmën e vajit në një tigan. Shtoni copat e pulës dhe skuqini në zjarr mesatar deri në kafe të artë. Le menjane.
- Rrihni kosin me besanin në një masë të trashë. Le menjane.
- Ngrohni vajin e mbetur në një tigan. Shtoni karafil, kanellë, piper kokrra, xhenxhefil të bluar, kopër të bluar dhe kripë. Piqeni për 4-5 minuta.
- Shtoni pulën e skuqur, ujin dhe pastën e kosit. Përziejini mirë dhe ziejini në zjarr të ulët për 40 minuta. Dekoroni me gjethe koriandër. Shërbejeni të nxehtë.

Pulë djegës

për 4 persona

Përbërësit

3 lugë vaj vegjetal të pastruar

4 speca djegës të gjelbër, të grirë hollë

1 lugë pastë xhenxhefili

1 lugë çaji pastë hudhre

3 qepë të mëdha, të prera në feta

250 ml / 8 ml oz ujë

750 g / 1 lb 10 oz pulë pa kocka, e copëtuar

2 speca jeshilë të mëdhenj, të grirë

2 lugë salcë soje

30g/1oz gjethe koriandër, të copëtuara

Shtoni kripë për shije

Metoda

- Ngrohni vajin në një tigan. Shtoni specin djegës të gjelbër, pastën e xhenxhefilit, pastën e hudhrës dhe qepën. Skuqini në nxehtësi mesatare për 3-4 minuta.
- Shtoni ujin dhe pulën. Gatuani në zjarr të ulët për 20 minuta.
- Shtoni të gjithë përbërësit e mbetur dhe gatuajeni për 20 minuta. Shërbejeni të nxehtë.

pule piper

për 4 persona

Përbërësit

- 4 lugë vaj vegjetal të pastruar
- 3 qepë të mëdha, të grira
- 6 thelpinj hudhre te grira holle
- 1 kg / 2¼ lb pule, e prerë në 12 copa
- 3 lugë çaji koriandër të bluar
- 2½ lugë piper i zi i sapo bluar
- ½ lugë shafran i Indisë
- Shtoni kripë për shije
- 250 ml / 8 ml oz ujë
- Lëng nga 1 limon
- 50 g / 1¾oz gjethe koriandër, të copëtuara

Metoda

- Ngrohni vajin në një tigan. Shtoni qepën dhe hudhrën dhe skuqini në zjarr mesatar derisa të marrin ngjyrë kafe të artë.
- Shtoni pulën. Skuqini për 5 minuta, duke e përzier shpesh.

- Shtoni koriandër të bluar, piper, shafran të Indisë dhe kripë. Piqeni për 3-4 minuta.
- Hidhni në ujë, përzieni mirë dhe mbulojeni me kapak. Gatuani në zjarr të ulët për 40 minuta.
- Dekoroni me lëng limoni dhe gjethe koriandër. Shërbejeni të nxehtë.

www.ingramcontent.com/pod-product-compliance
Lightning Source LLC
Chambersburg PA
CBHW070406120526
44590CB00014B/1285